부모교육과 인성교육

최철용

양 성 원

머리말

이 책은 대학생과 교사를 준비하는 예비교사에게 도움을 주기 위해 집필을 시작하였다. 한편 최근 유아교육뿐만 아니라 급변하는 사회에서 야기되는 수많은 문제의 원인이 인성교육의 부재에 있다는 인식이 지배적이다. 이러한 사회적 인식과 함께 필자는 부모교육을 연구하고 집필하는 과정에서 부모교육과 인성교육은 불가분의 관계에 있음을 깨달았으며, 부모교육과 인성교육을 함께 접근하는 것이 시너지효과뿐만 아니라 부모, (예비)교사 모두에게 도움이 된다고 판단하여 부모교육과 인성교육이라는 제재를 달고 집필을 진행하였다.

오늘날 핵가족, 맞벌이 부부 가정 등의 확산으로 자녀를 보호하고 교육할 수 있는 시간이 절대적으로 부족하다. 따라서 영유아 보호교육기관과의 긴밀한 협조체계를 바탕으로 하는 자녀교육이 시급하다. 또한 부모 자신들도 스스로 자녀교육을 위한 다방면의 노력이 필요할 때이다. 부모는 자녀양육에 관한 지식과 방법을 터득하고 자신이 모델이 될 수 있도록 변화하지 않으면 안 된다. 이는 유아의 인성교육을 위해서도 꼭 필요한 과정이다. 유아들은 보고 배우는 모델링의 천재이기 때문이다. 따라서 자녀를 잘 기르기 전에 잘 기를 수 있는 능력과 경험을 쌓고 인성을 갖추는 일에 게을리 해서는 안 된다.

이 책은 일반적인 교재의 형태를 벗어나려는 여러 가지 시도를 하였다. 특히, 필자가 과거 지방 신문에 게재했던 칼럼을 보완하고 재편집하여 풍부한 예시를 들면서 25가지의 '부모 및 인성 교육의 실제'를 제시하였다. 그리고 부모 또는 교사로서 갖추어야 할 심리학적 기초와 지금의 유아나 그 유아가 장차 성장했을 때의 청소년, 그리고 좀 더 나이가 든 자녀 교육에도 도움이 될 수 있는 주제도 다루었다.

이 책은 부모 및 인성 교육의 이론적 기초, 부모 및 인성 교육의 실제, 심리학 및 교육적 주제를 다루는 파트로 나누어 구성하였다.

먼저 부모교육과 인성교육의 기초에서는 개념, 중요성 및 필요성, 목적, 내용 등의 학문적 탐구를 하였고, 부모교육과 인성교육의 실제에서는 실제 교육에 대한 사례를 그림으로 표현하면서 쉽게 이해하고 활용할 수 있도록 하였으며, 심리학적 기초의 제공에서는 인간이 삶을 영위해가면서 누구나 직면하게 되는 몇 가지 심리학의 필수 이론과 현상을 다루었다. 마지막으로 필자의 교육경력을 바탕으로 하는 교육철학을 포함하는 몇 가지 자녀교육 주제를 다루었다.

그리고 최근 공포 및 시행을 시작한 인성교육진흥법 원문을 부록으로 게재하였다.

이 책을 통해서 독자로 하여금 기본적으로 부모교육과 인성교육이 무엇이며, 어떻게 바라보고 어떻게 해야 하는 지에 대한 개념을 가지길 바라며, 부모 및 인성교육의 실제를 통해서 이론과 말로만 하는 교육이 아닌 자신의 변화를 전제로 하는 행동적이고 실천적인 자녀교육으로 활용하길 바란다. 그리고 자녀가 올바른 인간으로 성장하도록 하는 방향을 잡아줄 수 있는 교육철학을 갖고, 자녀를 잘 이해할 수 있는 심리학적 탐구와 학습도 열중하길 바란다.

끝으로 삽화 그림을 도와준 고예현 학생에게 고마움을 표하고, 이 책이 발간될 수 있도록 지원을 아끼지 않으신 양성원의 강철원 대표께 감사의 마음을 드립니다.

2016년 8월

저자 최 철 용 올림

차 례

제 1 장

부모교육의 기초

1. 부모교육의 개념

2. 부모교육의 주요 이론

부모교육의 기초

1. 부모교육의 개념

사회가 급속도록 발전하면서 가정의 형태도 변화되어 현대 가정은 대부분 핵가족 형태의 양상을 띠고 있다. 또한 맞벌이 부모의 증가로 인하여 가정에서의 자녀교육 시간이 절대적으로 부족한 가운데 부모로의 역할과 책임이 약화되고 있고 있다. 따라서 그 어느 때보다도 자녀양육을 위한 부모교육에 대한 관심과 실천이 시급하다.

1) 부모교육의 정의

부모교육은 자녀양육에 관련된 교육이나 훈련을 통해서 부모-자녀의 올바른 관계를 형성하는 것으로 가정할 수 있다.

Auerbach(1968)는 부모교육을 "부모가 효과적으로 부모역할을 수행하도록 도움을 주는 중재방법"이라고 정의하였고, Swick(1985)는 "부모가 다양한 역할을 수행하는데 필요한 학습과 발달을 증진시키는 모든 노력"이라고 정의하였다. 그리고 부모의 자녀교육의 책임을 강조한 유효순과 정원식(1998)은 "부모로 하여금 자녀교육의 책임을 인식하고 주어진 책임을 수행하는데 필요한 지식과 기능을 습득하여 부모에게 요구되는 기본적인 태도를 지니도록 의도적으로 주어지는 교육의 과정"으로 정의하였다. 비교적 최근의 부모교육 개념을 정의한 Gestwicki(2004)는 부모교육을 "자녀양육의 효율성을 높이기 위하여 부모에게 지식과 지원을 제공하고자 하는 구체적인 노력"이라고 정의하고 있다. 또한 최근에는 부모교육의 분야나 강조점에 따라 가족교육, 가족생애교육, 부모지원, 가족지원 등의 유사한 용어가 병행되어 사용되고 있다(Kagan, 1995).

이상의 여러 학자들의 부모교육에 대한 정의를 정리하면, 부모교육이란 '부모가 자녀양육에 대한 책임과 역할을 다할 수 있도록 자녀양육에 관한 지식, 경험, 관계개선 등을 증진시키기 위한 지원 및 체제를 수반하는 교육과정'이라고 정의할 수 있다.

특히, 부모교육에서 가장 중요한 것은 자녀양육에 관한 단순한 지식의 습득만이 아니라, 부모 자신의 양육태도를 확인하고 그에 다른 반성적 태도를 취함으로서 자신이 변화되어야만 한다는 것이다. 즉, 부모가 바뀌어야 올바른 자녀양육이 가능해진다.

2) 부모교육의 필요성

앞에서도 언급했듯이 사회의 급속한 변화, 가족의 핵가족화, 맞벌이 가정 증가 등으로 자녀양육을 위한 부모교육의 필요성이 커졌다. 최근의 많은 사회문제로 대두되고 있는 아동학대가 부분적으로는 보육 및 교육기관에서 발생되고 있기도 하지만, 대부분이 가정에서 발생되고 있으며, 아동학대 피의자 중 80%가 부모라는 사실에 놀라지 않을 수 없다. 아동학대의 원인으로는 부모의 양육 태도 및 방법 부족, 경제적 환경, 부부 및 가족 갈등 등으로 조사되고 있는 가운데 부모교육의 필요성이 절실하다(전국아동학대현황 보고서, 2014).

최근 정부는(2016) 아동학대와 관련하여 부모를 대상으로 '아동학대 예방교육' 의 실시를 교육청 등 관련 기관에 권고하고 있으며 생애주기별 맞춤 부모교육 정책을 제안하고 있기도 하다.

사실 결혼을 앞둔 예비부모의 자녀양육에 대한 정보나 지식 수준을 의심하지 않을 수 없다. 자녀양육에 대한 준비 없이 두 성인이 결혼하여 자녀를 낳고 키워가면서 시행착오를 거치면서 양육방법을 터득하는 경우라면, 과연 얼마나 잘 키울까? 이는 개인적으로도 국가적으로도 깊이 생각해 보아야 할 문제임이 분명하다.

미국에서는 이미 1960년대부터 문화적으로 낙후된 지역의 취학 전 아동에게 보상교육, 즉 그들의 지적·사회적 발달을 촉진시키고자 등장한 이른바 Head Start 프로그램이 실시되었다. 이 프로그램이 실시된 후 대체적으로 아동의 발달이 촉진되었지만, 부모가 프로그램에 참여하지 않은 경우는 발달의 향상이 의미 있게 나타나지 않았고 부모가 프로그램에 참여한 경우는 두드러진 발달의 향상이 있다고 분석되었다. 따라서 부모가 함께 참여하는 유아교육기관의 부모교육 프로그램을 통해서 부모 및 교사가 함께 협력하여 유아를 키워가는 가정과 기관의 협력체제도 필요하다 하겠다.

부모교육의 필요성을 아동의 입장, 부모의 입장, 사회의 입장에서 살펴볼 수 있다(유효순 외, 2010; 이원영, 1985 재인용).

아동의 입장에서 보면 아동의 신체 및 운동 발달, 사회성 발달, 정서 발달, 인지 발달 등은 부모의 양육 태도 및 방법에 의해 크게 영향을 받기 때문에 부모교육은 필수적이다.

부모의 입장에서 보면 예비부모 및 부모 초기의 양육 태도 및 방법의 부족 또는 인성의 부족으로 자녀를 키울 수는 없기 때문에 다양한 양육방법에 관한 지식은 물론 직·간접적인 경험의 습득을 통해서 올바른 양육태도를 갖추어야 할 필요가 있다.

사회의 입장에서 보면 사회의 변화와 요구에 따르는 부모의 역할과 책임, 그리고 국가적 인적 자원의 개발을 들 수 있는데, 사회변화에 따른 핵가족과 맞벌이 가정의 증가에 따라 자녀양육 시간이 절대 부족한 시점에서 부모의 책임과 역할을 위한 부모교육이 필요하며, 국가 발전을 위한 인적 자원의 지적·인성적 기반이 유아기에 형성되므로, 유아기에 가장 큰 영향을 미치는 사람인 부모를 위한 부모교육이 필요하다.

3) 부모교육의 목적

부모교육의 필요성에 따라 국가나 부모교육 관련 기관은 체계적으로 부모교육을 실시할 필요가 있다. 국가적 차원에서는 생애주기별 맞춤형 부모교육을 추진하면서 관련 기관이나 유아교육기관에서는 부모와 함께 유아를 기른다는 전제로 가정과 기관의 협력체제의 구축과 부모가 참여하는 다양한 부모교육 프로그램을 개발하고 실시해야 한다.

부모와 자녀 관계 및 가족의 문제를 예방하고 가족 및 부모의 기능을 극대화시키기 위한 부모교육의 목적을 다음과 같이 열거할 수 있다(유효순, 2010 참조).

첫째, 부모에게 자녀양육에 관한 새로운 지식과 교육적 경험의 제공
둘째, 부모의 책임과 역할을 지원
셋째, 부모 자신의 자기인식과 개인적 성장 지원
넷째, 지역사회에서의 성인으로서의 역할과 대인관계의 지원
다섯째, 자신의 양육 태도 확인과 반성적 생각 및 행동의 변화 지원
여섯째, 부모-자녀의 관계형성 방법을 경험하고 습득

2. 부모교육의 주요 이론

부모교육 이론들은 각기 다른 이론적 배경에 따라 등장 배경, 기본 가정, 원리, 목적, 부모-자녀 관계의 입장을 달리하고 있다.

대표적인 부모교육 이론으로는 민주적 부모교육 이론, 인본주의 부모교육 이론, 부모 효율성훈련 이론, 상호교류분석 이론, 행동주의 이론 등을 들 수 있다.

1) 드라이커스(Dreikurs)의 민주적 부모교육 이론

가정에서의 사회화과정의 중요성을 강조한 드라이커스의 민주적 부모교육 이론의 등장배경, 기본 가정, 원리, 목적, 부모-자녀 관계, 부모교육 등을 알아보자.

(1) 등장 배경

드라이커스의 부모교육 이론은 아들러(Alder)의 모델을 바탕으로 하고 있으면서, 드라이커스는 사회가 민주화되어 감에 따라 과거의 권위적인 엄격한 방법으로는 자녀양육이 어렵다고 판단하였고, 동시에 유아도 성인과 동등하게 대해야 한다는 개념과 인식이 팽배해짐에 따라 평소 아들러의 개인 심리학을 옹호하던 드라이커스는 민주적 전략이 필요하다고 보았다.

(2) 기본 가정

민주적 부모교육이론의 기본 가정은 다음과 같다.

첫째, 부모와 자녀 관계는 평등하다는 전제 하에 부모-자녀 간의 상호관계가 잘 이루어져야 자녀지도가 잘 이루어진다.

둘째, 올바른 자녀교육을 위해서는 부모-자녀간의 평등성에 기초한 양육이 이루어져야 한다.

(3) 원리

이 이론의 원리는 생활양식, 가상적 목표, 창조성, 행동통제 측면에 살펴볼 수 있다.

첫째, 유아기에 형성된 생활양식은 장차 자기 행동을 통제하고 목표를 달성하는 방법이 된다.

둘째, 가상적 목표가 개인의 행동을 통제한다.

셋째, 개인의 욕구를 충족하기 위하여 계속적으로 가상적 목표를 창조해 간다.

넷째, 부모는 자녀의 행동통제 방법을 지도해야 한다.

(4) 목적

드라이커스는 부모교육의 목적을 첫째, 부모와 아동 간의 평등성에 기초한 부모교육 둘째, 평등성에 부합한 양육 방식을 전개하는 부모교육 셋째, 예방적 차원의 부모교육 등에 두고 있다.

(5) 부모-자녀 관계

드라이커스는 민주적인 부모와 자녀 관계를 위해서는 다음과 같은 조건이 전제가 되어야 한다고 하였다.

첫째, 부모와 자녀 간의 평등주의

둘째, 적절한 권위와 허용

셋째, 자녀와 동등한 입장에서 이해와 격려

넷째, 민주적 가정 분위기

다섯째, 유아 자신의 자기 조절과 통제 조성

(6) 잘못된 행동 유형과 부모교육

어린 아동은 부모에게 상대적인 열등감을 느낀다. 그래서 어린 아동은 열등감을 어떤 방법으로든지 보상하고자 가상적 목표를 세운다. 이때 부모는 아동의 가상적 목표를 바르게 이해하고 올바른 행동통제의 방법을 사용해야 한다.

특히, 어린 아동은 가족집단에 소속하여 자신의 존재를 인정받고 싶어 한다. 어린 아동이 소속감을 가지고 싶어 하는 것은 유치원이나 학교에서도 마찬가지이다.

어린 아동은 스스로 소속감이 결여되었다고 생각되거나 열등감을 가지면 잘못된 가상적 목표를 세우고 행동한다. 드라이커스는 어린 아동이 가정에서 자신의 위치를 차지하기 위한 4가지 잘못된 행동인 관심 끌기, 힘 행사하기, 앙갚음하기, 무능함 보이기 등을 제시하고 설명하고 있다.

가. 관심 끌기(attention)

유아는 바람직한 방법으로 가족집단에 소속되지 못한다는 생각을 하게 되면 잘못된 행동으로써의 관심 끌기 행동을 하게 된다. 즉, 어린 유아는 완벽하고 올바른 행동을 하기 어렵기 때문에 자신의 가치를 내세우거나 가치를 인정받기 어렵다. 따라서 유아는 열등감을 가지면서 어떻게 해서라도 소속감과 인정을 받기 위하여 잘못된 행동이라도 해서 관심을 끌고자 한다. 예를 들어, '바지에 소변을 자주 싸는 행동'이 이러한 관심 끌기 행동일 수도 있다. 잠시 혼나거나 창피하지만 잠시 후면 엄마나 선생님으로부터 씻겨주고 새 옷으로 갈아 입혀주는 등의 관심을 받을 수 있다는 것을 알게 됨으로써 어느새 강화된 잘못된 행동목표인 관심 끌기를 하는 것이다.

이러한 잘못된 행동으로써의 관심 끌기를 하지 않게 하려면 유아의 가치를 인정하고 항상 가족의 중요한 구성원으로서의 소속감을 갖도록 해야 한다. 그러므로 부모나 선생님은 유아의 잘못된 행동으로써의 관심 끌기는 적절히 무시하면서 오히려 유아의 작은 성과에도 칭찬에 인색하지 말고 격려와 칭찬을 해줌으로써 유아 자신이 가치 있는 존재라고 느끼게 할 수 있다.

나. 힘 행사하기(power)

유아는 어른들에 비해 약하고, 혼자서 할 수 없다는 것을 인식하게 되면 수치심과 열등감을 갖는다. 반면에 유아 자신이 우세한 입장에 있거나 주도권을 잡게 되면 자신의 역량에 대하여 자신감과 가치를 느끼면서 더욱 더 자기 식대로 모든 일을 하려 한다. 이러한 행동은 점점 강화되어 부모가 못하게 하여도 거절하거나 자기 고집대로 해야 만이 자기 자신의 위치를 더 확고히 하는 것이라는 가상적 목표를 달성할 수 있다고 생각한다. 즉, 잘못된 행동으로서의 힘을 행사하여 목표를 달성하려 한다. 이 때 부모는 유아 못지않게 힘이나 권력으로 유아의 행동을 통제하거나 제지시키려 하는데 이는 오히려 유아로 하여금 힘의 위력을 더 느끼게 하는 강화활동이 되어버린다.

따라서 부모는 자녀의 힘에 맞서거나 흥분하기 보다는 자녀의 감정이나 생각을 인정하고 자녀와 타협하거나 문제를 해결함으로서 힘이 아닌 부모와 자녀가 합리적으로 타협하고 협조하는 방법을 가르쳐야 한다. 이런 방법이 부모가 자녀를 양육하고 가르치는데 가장 선행해야 하는 최상의 방법인 '사랑과 정성으로 들어주기'인 것이다.

다. 앙갚음하기(retaliation)

앙갚음은 자신이 상처받은 만큼 다른 사람도 상처받아야 한다고 느낄 때 추구하는 가상의 목표이다. 즉, 다른 사람으로부터 상처를 받으면 직접적이든 간접적이든 상처를 받은 만큼 앙갚음을 해야 만이 자신의 존재를 유지하는 것이라고 생각한다. 예를 들어, 부모에게 꾸중을 듣고 직접 대들거나 엄마가 아끼는 물건을 망가트리거나 동생을 때리는 행동 등을 들 수 있다.

유아의 앙갚음 행동이 나타나면 이미 심각한 수준의 잘못된 행동에 이르러 있는 것이다. 잘못된 행동으로써의 관심 끌기를 지나서 힘 행사하기까지 왔음에도 자신의 존재와 가치를 찾지 못하면, 힘으로도 안 된다는 것을 알고 교묘한 앙갚음 행동을 하게 되는 것이다.

그러므로 부모는 자녀의 보복행동에 대하여 심하게 꾸짖거나 고치려 하지 말고 이미 마음의 상처를 입고 있는 자녀를 생각하면서 다시 한 번 '사랑과 정성으로 들어주기'를 시도하여 부모와 자녀의 관계를 개선해야 한다.

라. 무능함 보이기(inadequacy)

유아는 관심 끌기, 힘 행사하기, 앙갚음하기 등의 잘못된 행동에도 불구하고 자기의 존재와 가치를 찾으려는 가상적 목표를 달성하지 못하면 상당히 실망하고 심각한 좌절과 포기에 이른다. 이제 유아는 더 이상 어떤 의지적 행동을 취하지 않고 부모에게 순종하거나 특별한 반응을 하지 않는다.

이렇게 되면 유아는 심각한 심리적 고통을 갖고 있는 상태이기 때문에 부모는 특별한 관심과 사랑을 가지고 자녀를 대해야만 한다. 지금부터라도 부모는 자녀의 단점보다는 장점을 찾아 작은 성과에도 격려와 칭찬을 아끼지 말고 관심과 사랑을 주어야만 유아의 심리적 상태를 회복하는데 도움이 될 것이다. 유아가 잘못된 행동목표가 아닌 긍정적 행동 목표를 가지게 하는 최고의 방법은 자녀의 존재와 가치를 인정하면서 자녀의 장점을 중심으로 하는 긍정적 행동을 유도하고 그 행동에 대한 관심과 격려를 아끼지 않는 것이다.

2) 기노트(Ginott)의 인본주의 부모교육 이론

기노트는 자녀양육 문제는 아동의 감정과 복지를 충분히 고려하고 반영해야만 해결할 수 있다고 믿고 있다. 기노트의 인본주의적 부모교육 이론의 등장배경, 기본 가정, 원리, 목적, 부모-자녀 관계, 효율적인 대화 기법 등을 알아보자.

(1) 등장 배경

기노트는 콜롬비아 대학에서 엑슬린(Axiline) 교수로부터 아동의 정의적 행동과 아동의 감정의 중요성을 깨달았고, 아동의 성장을 촉진하는 방법인 감정이입법을 배웠다. 기노트의 인본주의 부모이론이 이론적 배경으로 삼는 것은 엑슬린(Axiline)의 놀이치료이론과 슬라브슨(Slavson)의

심리역동이론을 적용하여 부모와 아동의 관계를 이해하고자 했으며, 다른 하나는 인본주의 심리학을 부모교육에 적용하고자 한 것이다.

(2) 기본 가정

기노트의 인본주의 부모교육이론의 기본 가정은 다음과 같다.

첫째, 유아 중심의 부모교육 이론으로 유아 중심 교육을 전개한다.

둘째, 유아의 생각, 감정, 행동을 있는 그대로 수용한다.

셋째, 부모-자녀 간의 의사소통을 통해서 갈등을 해소한다.

(3) 원리

인본주의 부모교육이론의 원리는 부모-자녀의 의사소통, 유아의 행동지도, 부모의 잘못된 태도, 훈육방법에 측면에서 살펴볼 수 있다.

첫째, 부모-자녀의 의사소통 측면 : 민주적인 태도, 관심, 사랑, 의사소통, 문제에 대한 기본적인 이해

둘째, 유아의 행동지도 측면 : 칭찬과 강화 남용 지양, 위협 지양, 선물・약속・체벌 사용의 적절성, 자기 행동에 대한 책임 부여

셋째, 부모의 잘못된 태도 측면 : 자녀의 거짓말, 책임에 대한 특별한 관심 갖기와 지도

넷째, 훈육방법 측면 : 체벌, 위협 등의 훈육 방법 지양

(4) 목적

인본주의 부모교육 이론의 목적은 첫째, 부모-자녀 간 효과적인 상호작용, 둘째, 대화기술의 향상 셋째, 긍정적인 인간관계 형성 넷째, 유아 자신의 대처능력 배양 다섯째, 정서적・지적・사회적 발달을 토대로 하는 자녀 교육 등이다.

(5) 부모-자녀 관계

기노트는 바람직한 부모와 자녀 관계를 위해서는 다음과 같은 활동이 필요하다고 하였다.

첫째, 유아의 사고를 중심으로 문제를 해결한다.

둘째, 부모는 자녀의 감정과 행동을 있는 그대로 수용해야 한다.

셋째, 자녀의 인격존중과 자녀문제에 대해서는 객관적으로 처리해야 한다.

넷째, 자녀가 문제해결에 자신의 능력을 최대한으로 발휘할 수 있도록 격려해야 한다.

(6) 자녀와의 대화 기술

기노트는 부모교육에서 가장 중요한 것은 자녀와의 대화 기술이라고 하였다.

Ginott(2003)의 저서 「부모와 자녀사이(Between parent and Child)」에 나타난 자녀와의 대화 기술을 정리하면 다음과 같다.

첫째, 부모는 자녀의 입장을 먼저 이해하고 대화에 임한다.

둘쌔, 자너의 자존심을 지켜준다.

셋째, 자녀가 무례한 행동을 했을 때, 그 행동에 대해서난 이야기해야지 성격이나 특성을 비난해서는 안된다.

넷째, 유아나 아동과의 대화에서는 무릎에 앉히거나 무릎을 굽혀 눈높이를 같게 한다.

3) 고든(Gordon)의 부모효율성 훈련

고든(Thomas Gordon)은 정신분석, 아동심리, 아동발달에 관한 이론들을 통합 분석하여 부모효율성 훈련 프로그램을 개발하였고, 부모뿐만 아니라 교사, 행정가들에게도 전문적인 훈련을 실시하였다.

고든의 부모효율성 훈련의 등장배경, 기본 가정, 원리, 목적, 부모-자녀 관계 등을 알아보자.

(1) 등장 배경

고든은 부모교육에 있어서 유아의 정서적·지적·심리적 문제는 의학적 문제라기보다는 부모-자녀 간의 이해관계 문제라고 보고 부모효율성 훈련 프로그램이 필요하다고 하였다. 고든의 부모효율성 훈련은 정신분석, 아동심리 및 아동발달에 관한 여러 이론을 종합하여 인간관계에 적용한 프로그램이다.

(2) 기본 가정

부모효율성 훈련의 기본 가정은 다음과 같다.

첫째, 자녀의 행동에 대하여 부모가 대하는 태도와 행동에는 일관성이 없다.

둘째, 문제를 해결하기 위해 문제의 소재가 부모인지 자녀인지를 먼저 파악해야 한다.

(3) 원리

부모효율성 훈련에서 부모와 자녀관계가 신뢰와 애정을 바탕으로 한 온정적인 관계를 형성하기 위해서는 수용성 수준을 파악하기, 문제의 소유자를 파악하기, 적극적으로 경청하기, 나-메시지법(I-Message method) 적용하기, 무승부법(No-lose method) 적용하기 등의 원리(기술)를 익혀야 한다. 나-메시지법(I-Message method)은 한 가지 상황에 대한 행동(아동), 느낌(부모), 결과적 상황을 표현하는 것이다.

1단계 : 부모에게 방해가 되는 아동의 행동
(네가 거실에서 시끄럽게 하면)

2단계 : 아동의 행동으로 인한 엄마의 느낌
(동생이 깰까봐 걱정이 된다)
3단계 : 결과적 상황
(동생이 깨면 맛있는 저녁식사 준비가 늦어지니까)

다음으로 무승부법의 단계는 다음과 같다.
첫째, 갈등을 확인하고 정의내리기
둘째, 가능한 모든 해결책을 찾기
셋째, 모든 해결책을 평가하기
넷째, 모두를 위한 최선의 해결책을 협의하고 정하기
다섯째, 해결책을 실행하기
여섯째, 해결책을 적용하고 평가하기

(4) 목적

부모－자녀 간의 효율적인 의사소통을 통해서 원만한 인간관계를 유지하기 위한 부모효율성 훈련의 목적은 부모 자신도 인감임을 자각하고 자기감성을 솔직히 표현하는 기술 체득과 의사소통 기술 습득에 있다.

(5) 부모–자녀 관계

고든은 부모-자녀 관계 저해요인인 전통적인 양육방식 답습, 이율배반적인 부모 역할관, 성인 중심의 역할관 등을 지양하고, 부모-자녀 관계가 애정과 존경에 바탕을 둔 따뜻하고 친밀한 인간관계를 유지해야 한다고 하였다.

(6) 효율적인 대화 기법

고든은 문제의 소유자가 누구이냐에 따라 대화의 기법은 다르다고 하였다.

자녀에게 문제가 있는 경우에는 적극적으로 듣는 대화를 하여야 한다. 그러나 부모에게 문제가 있는 경우에는, 자신의 문제를 알릴 수 있도록 부모 자신을 주어로 하는 대화(I - Message)를 하여야 한다.

Gordon(1995)의 효율적인 대화 기법을 정리하면 다음과 같다.

첫째, 아동에게 특별한 문제에 있을 때 부모는 상담자로 행동해야 한다. 상담자의 효과적인 대화 기법의 하나는 적극적 경청(active listening)이다. 부모는 아동의 진술을 잘 경청함으로써 문제를 이해하고 있다는 것을 아동에게 보여주어야 한다. 그리고 중요한 것은 그 문제를 부모가 직접 해결해 주는 것보다는 아동이 스스로 해결하거나 아동이 해결할 수 있도록 협조하고 도와주는 것이다.

둘째, 문제가 부모에게 있을 때는 아동에게 부모의 감정과 생각을 전달하는 '나 메시지(I - Message)' 방법을 사용한다.

셋째, 불가피한 갈등이 생기는 경우에는 무승부법(No - lose method)을 사용한다. 무승부 대화법은 부모와 자녀가 서로 만족할 수 있는 타협을 찾아내는 것이다.

4) 번(Berne)의 상호교류분석 이론

번(Eric Berne)은 인간의 성격과 사회적 상호작용 및 심리치료에 대한 관심을 발전시켜 상호교류 분석이론을 창출하였다.

번의 상호교류분석 이론 등장배경, 기본 가정, 원리, 목적, 부모-자녀 관계 등을 알아보자.

(1) 등장 배경

번의 상호교류분석 이론은 사회적 환경 속에서 인간은 환경과의 상호작용을 통해서 상황에 맞는 행동 양식을 선택할 수 있는 존재로 보고, 인간관계의 상호교환 원리를 배경으로 삼는다.

(2) 기본 가정

상호교류분석 이론에서는 다음과 같은 기본 가정을 전제하고 있다(고정곤 외, 2008 재인용).

① 인간의 자아구조에는 아동자아(child ego state), 성인자아(adult ego state), 부모자아(parent ego state)의 세 가지 유형이 있는데, 이 세 가지 자아상태를 상황에 따라 적절하게 사용할 수 있는 능력을 배양시켜 준다면 바람직한 부모-자녀 관계를 형성할 수 있다.

② 한 개인이 자신과 타인에 대해 느끼는 감정이 인생 태도를 결정하는 것으로 보는 상호교류분석 이론에서는 자신과 타인에 대한 긍정과 부정을 기준으로 네 가지 형태로 나뉜다. 즉 자기긍정-타인긍정(I'm Ok-You're Ok), 자기부정-타인긍정(I'm not Ok-You're Ok), 자기긍정-타인부정(I'm Ok-You're not Ok), 자기부정-타인부정(I'm not Ok-You're not Ok)의 네 가지 형태이다. 이 중에서 자기긍정-타인긍정(I'm Ok-You're Ok)의 인생 태도를 취하게 함으로써 행복한 삶을 영위할 수 있다는 가정이다(Harris, 1969).

(3) 원리

상호교류분석 이론의 기본전제는 타인과의 상호교류를 분석하여 건전한 인성 태도를 발전시키고 상호간에 의사소통을 증진시키는 것이다. 이를 위해서는 인간의 욕구, 인생태도의 형태, 인성의 자아 구조, 상호교류 형태 등에 대한 개념을 이해함으로써 상호교류분석 이론의 원리와 방법을 찾을 수 있다.

(4) 목적

상호교류분석의 목적은 타인과의 상호작용에서 각 개인이 자아 상태에서 자극과 반응이 생기도록 하여 의사소통이 원활해짐으로써 부모-자녀 관계를 향상시키는데 있다. 이러한 목적을 달성하기 위해서는 다음과 같은 구체적인 목표가 수행되어야 한다.

첫째, 인간의 욕구, 인생태도 형태, 인성의 자아구조, 상호교류형태에 대한 이해

둘째, 자아상태가 자유스럽게 기능할 수 있는 능력 배양

셋째, 자아 상태를 적절하게 사용할 수 있는 능력 배양

넷째, 자기긍정-타인긍정의 생활자세 수용능력 배양

(5) 부모-자녀 관계

상호교류분석 이론을 통한 바람직한 부모-자녀 관계를 위해서는 다음과 같은 조건이 충족되어야 한다.

첫째, 인간의 3가지 욕구인 자극의 욕구, 구조의 욕구, 인정의 욕구 등이 적절히 충족되어야 한다.

둘째, 자기긍정-타인긍정의 인생태도를 갖도록 노력해야 한다.

셋째, 자아상태가 폐쇄나 오염되지 않게 해야 한다.

넷째, 상호교류가 상황에 따라서 적절히 이루어져야 한다.

5) 스키너(Skinner)의 행동주의 부모교육 이론

스키너(Skinner)는 동물의 조작적 행동을 연구하기 위하여 스키너 박스(skinner box)를 이용하여 실험한 결과 조작적 조건형성 이론 및 강화 이론을 발전시켰다.

스키너의 행동주의 부모교육 이론의 등장배경, 기본 가정, 원리, 목적, 부모-자녀 관계, 강화 등을 알아보자.

(1) 등장 배경

스키너(Skinner)의 행동주의 부모교육 이론은 왓슨(Watson)의 행동주의 심리학, 파블로프(Pavlov)의 고전적 조건형성이론, 스키너(Skinner)의

조작적 조건형성 이론, 반두라(Bandura)의 사회학습 이론 등을 이론적 배경으로 삼고 있다.

(2) 기본 가정

행동주의 부모교육 이론의 기본 가정은 다음과 같다.

첫째, 인간의 행동은 학습의 결과이다.

둘째, 인간의 행동은 개인과 환경과의 상호작용의 결과이다.

(3) 원리

행동주의 부모교육 이론은 다음과 같은 원리를 바탕으로 하고 있다.

첫째, 새로운 행동을 강화하기 위한 원리

둘째, 새로운 행동을 발달시키기 위한 원리

셋째, 새로운 행동을 중단시키기 위한 원리

넷째, 정서적 반응을 수정하기 위한 원리

(4) 목적

행동주의 부모교육 이론을 바탕으로 하는 부모교육의 목적은 아동의 행동형성의 책임이 부모에게 있음을 받아들이고 아동에게 적절한 훈련을 통해서 행동의 결과를 제시해 줄 수 있는 방법을 가르치는 데에 있다. 구체적인 부모교육의 목적은 다음과 같다(유효순 외, 2010).

첫째, 아동의 행동을 관찰·측정하는 기술을 배운다.

둘째, 행동수정 이론의 기본적인 원리를 터득한다.

셋째, 자녀에게 행동수정의 원리를 적용하여 아동의 행동 변화를 가져 온다.

(5) 부모-자녀 관계

행동주의 부모교육 이론은 왓슨(Watson)이나 파블로프(Pavlov)의 고전적 조건형성이론, 스키너(Skinner)의 조작적 조건형성 이론, 반두라(Bandura)의 사회학습 이론을 바탕으로 하고 있다.

따라서 부모-자녀 관계에서 부모는 좋은 모델자, 환경 조성자의 역할을 해야 하며, 자극-반응의 교류와 지속적인 관찰, 진단, 평가가 필요하고, 일관성 있는 태도가 필요하다.

(6) 강화

행동주의 부모교육 이론의 핵심은 행동수정에 있으며, 행동수정의 유일한 방법은 강화(reinforcement)이다.

강화란 '원하는 행동을 유지시키는 것을 목적으로 학습자가 원하는 행동을 했을 때 즉시적으로 그 행동에 보상을 주는 것'이다. 강화과정에 사용되는 것을 강화물(reinforcer)이라고 하는데 강화물은 학습자 입장에서 좋아하는 것(like)과 싫어하는 것(dislike)이 있는데 그 강화물의 사용 방법에 따라 정적 강화와 부적 강화로 나누어진다.

원하는 행동을 했을 때 그 행동을 유지시키기 위해서 강화물을 제공(give)하거나 박탈(take)하는 것으로 정적 강화와 부적 강화를 구분한다. 즉, 정적 강화는 원하는 행동을 했을 때 좋아하는(like) 강화물을 제공(give)하는 것을 말하고, 부적 강화는 원하는 행동을 했을 때 싫어하는(dislike) 강화물을 박탈 또는 면제(take) 시켜주는 것을 말한다.

예를 들면, '동생과 잘 놀아 주고 잘 봐 주었을 때' 철수가 좋아하는 장난감을 사주는 것은 정적 강화에 해당하고, 똑같이 '동생과 잘 놀아 주고 잘 봐 주었을 때' 철수가 싫어하는 김치를 식탁에서 빼주는 것은 부적 강화에 해당한다. 행동수정을 위한 가장 효과적인 강화는 정적 강화이다.

제 2 장

인성교육의 기초

1. 인성교육의 개념
2. 인성교육의 중요성과 목적
3. 인성교육의 내용 및 덕목

인성교육의 기초

1. 인성교육의 개념

1) 인성의 정의

인성이란 사람의 품성을 말하는 것으로 인성의 근본은 성격(personality)에서 비롯된다. 성격은 개인의 독특한 특성이며, 사람의 품격은 사람된 모습으로 인간됨의 옳고 그름의 정도라 할 수 있다.

따라서 인성은 '개인의 독특한 특성인 성격을 바탕으로 하는 그 사람의 사람됨 정도'라 할 수 있다.

2) 인성교육의 정의

인성교육에 대한 정의는 다양하다. 심리학적 입장에서는 성격(personality)의 의미로, 철학적 입장에서는 인격(character)의 의미로 정의하는 경향이 있다.

한국교육학회(2001)의 정의에 따르면 인성교육을 정의적 측면 및 인간의 본성을 중심으로 건강한 전인적인 민주시민으로 성장하고 생태적인 본성을 실현함으로써 보다 풍부하고 자유로운 삶을 살 수 있도록 교육적 경험을 제공하는 것이라 하였다. 남궁달화(1999)는 사람의 성품을 나타내는 말로써 사람다운 사람이 가지는 인간교육, 가치교육, 도덕교육을 포함하는 것으로 가치교육과 인격교육을 통해서 인간다운 면모와 자질을 기르며, 도덕교육과 시민성교육을 통해서 타인과의 바람직한 관계를 형성한다고 하였다.

인성교육진흥법(2015)에서는 인성교육을 자신의 내면을 바르고 건전하게 가꾸고, 타인 · 공동체 · 자연과 더불어 살아가는 데 필요한 인간다운 성품과 역량을 기르는 것을 목적으로 하는 교육이라고 하고 있다.

이상의 정의들을 바탕으로 인성교육이란 '인간교육, 가치교육, 인격교육, 도덕교육, 시민성 교육 등을 통해서 타인 · 공동체 · 자연과 더불어 살아가는데 필요한 인간의 성품과 역량을 기르도록 돕는 과정'이라고 할 수 있다.

3) 바른 인성의 구성

인성은 도덕적 감정(moral feeling), 도덕적 앎(moral knowing), 도덕적 행동(moral actor)으로 구성된다. 인성은 하나의 추상적 개념으로 볼 수 있으나, 인간의 내면적 심리상태인 감정과 감정을 조절하고 통제하며, 효과적으로 감정을 표현하기 위한 지식과 습관과 태도 형성에 수반되는 행동으로 하나의 인성을 완성해 가는 것이다.

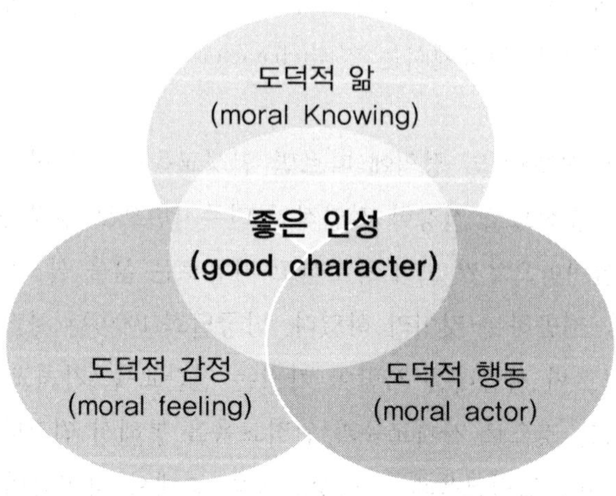

[그림 II-1] 좋은 인성의 구성(출처 Lickona, 1991)

2. 인성교육의 중요성과 목적

(1) 인성교육의 중요성

18세기 말 산업혁명 이후 세계는 급속도로 변하면서 물질만능의 시대에 이르러 인간성에 대한 갈망과 회복을 위하여 많은 노력을 함에도 불구하고 여전히 사회문제의 배경에는 비인간성, 비도덕성이 원인이라는 것을 부인할 수 없다.

최근 지배적인 세계의 변화는 정보화 사회의 초래이다. 특히 소셜네트워크서비스(SNS : Social Network Service) 체제에서 쏟아지는 무제한의 지식과 정보 속에서 인간은 단지 정보의 나눔에 빠져 인간으로서의 존재와 가치의 혼란과 정체성을 잃고 있다. 이러한 세계에서 누가 누구보다 잘 안다는 것은 더 이상의 자랑도 우위도 아니다.

그야말로 인간다운 인간을 찾아야 할 때가 벌써 지났는지도 모른다. 과거 14, 5세기 르네상스시대를 불러일으킨 이탈리아를 중심으로 한 서유럽 사람들의 인간을 찾으려는 갈망을 생각해야 할 때가 바로 지금이 아닌가? 세계는 차치하고 우리나라의 상황만 보아도 매일 같이 터져 나오는 폭력, 학대, 살인 등의 범죄관련 뉴스는 우리가 만들어 놓은 SNS를 타고 번져가고 있다. 급기야 세계에서 유례없는 그야말로 세계 최초의 인성교육진흥법을 제정하기에 이르렀다.

이젠 더 이상 미룰 수도 없고 미뤄서도 안 되는 인성교육은 학교뿐만 아니라 가정, 사회 모두에서 가장 중요하게 다뤄져야 할 때다.

특히 아동들이 학대받고, (성)폭력에 시달리는 세상이 아닌 아동들이 안전하고 행복하게 성장할 수 있는 세상을 만들어야 하는 것은 기성세대들의 책임이자 의무이다.

우리나라에서 인성교육의 등장 배경을 살펴보면 다음과 같다(이병래, 2015; 문용린, 2015 참조).

1994년 5월 19일 부모유산과 관련한 박한상 부모 살해 사건 이후 교육부는 공부 없는 날 일명 책가방 없는 날을 발표했고, 김영삼 대통령은 그 해 11월 17일 시드니 APEC 순방에서 '정신과 인성이 중요한 사회'를 건설한다는 세계화 선언을 하였다.

1995년 5월 31일 교육개혁방안에서 '인성교육'을 공식적으로 언급하였고, 1997년 교육기본법을 제정하면서 열린교육체제를 도입했으며, 2014년에는 학교폭력예방 교육을 의무화하였다.

2014년 12월 29일 인성교육진흥법이 국회 통과, 2015년 1월 20일 공포 및 동년 7월 21일 인성교육진흥법 시행에 이르렀다.

특히 유아기의 인성교육은 중요하다. 유아기의 인성의 틀이 전생애의 인성에 영향을 미치기 때문이다. 인성교육의 중요성을 발달심리학적 측면, 개인적 측면, 사회국가적 측면에서 살펴보면 다음과 같다(우영효, 2010; 교육부, 2015).

발달적 측면에서 보면, 첫째, 어린 시절 동일시나 모델링을 통한 경험에 따라 인성이 달라질 수 있기 때문이고 둘째, 바람직한 도덕적 경험을 위한 기본생활습관 형성과 같은 실천 위주의 인성교육이 필요하기 때문이다.

개인적 측면에서는 첫째, 자기와 타인의 감정을 이해하고 존중함으로써 행복을 느끼기 때문이고 둘째, 유아기부터 더불어 사는 존재임을 알고, 타인을 이해하는 경험이 필요하기 때문이다.

사회 국가적 측면에서는 첫째, 미래사회가 요구하는 인재가 창의인성 소유자이기 때문이고 둘째, 세계화 시대에 공동체 의식의 함양은 국가경쟁력을 높이는 중요한 요소가 되기 때문이다.

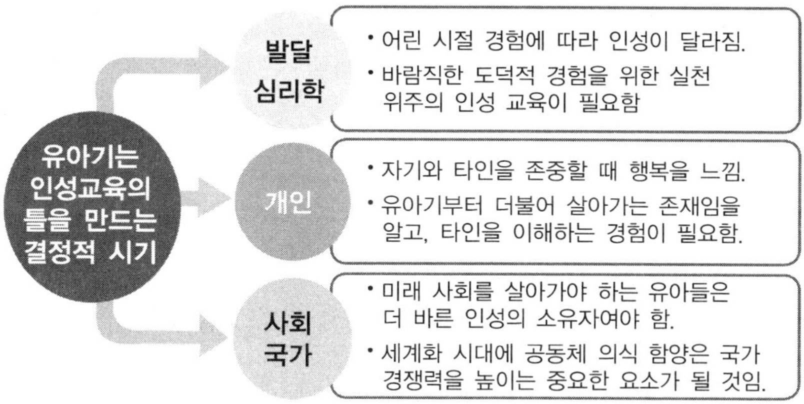

[그림 II-2] 유아기 인성교육의 중요성

(2) 인성교육의 목적

급격한 사회변화에 따른 사회문제 해결, 개인의 올바른 발달, 사회국가가 필요로 하는 인재 육성 측면에서 인성교육의 중요성 및 필요성을 들었다면, 그 중요성에 따라 이루어져야 할 구체적인 인성교육의 목적을 정해야 한다.

이상노(1982)는 인성교육의 목적을 다음과 같은 교육을 하는 것으로 말하고 있다.

첫째, 인성의 제반 특성을 조화롭게 발달시키는 교육

둘째, 사회성, 지도성, 추종성 등을 신장시켜 원활한 인간관계를 가질 수 있게 도와주는 교육

셋째, 건설적이고 발전적인 가치관 형성을 위한 교육

넷째, 적성에 맞는 활동을 통해서 개성을 신장시키고 자아실현의 욕구를 추구하는 교육

다섯째, 긍정적 자아개념 형성을 통한 능동적이고 적극적인 태도를 형성시키는 교육

또한 인성교육에 대한 연구와 논쟁을 주제로 한 한국교육학회(1998)는

인성교육의 목적을 첫째, 자기 자신을 바르고 정확하게 이해하도록 하는 교육, 둘째, 자기 자신을 존중하고 수용하는 교육, 셋째, 자기 자신의 일시적인 감정이나 행동을 통제하고 조절할 수 있는 능력을 함양시키는 교육, 넷째, 올바른 현실 감각을 길러주기 위한 교육, 다섯째, 타인에 대한 공감적 이해와 존중의 자세를 함양하기 교육이라고 하였다.

이상의 인성교육의 목적을 정리하면, 인성교육의 목적은 자신에 대한 이해, 타인에 대한 배려와 존중, 더불어 사는데 필요한 능력 배양에 있다고 할 수 있다.

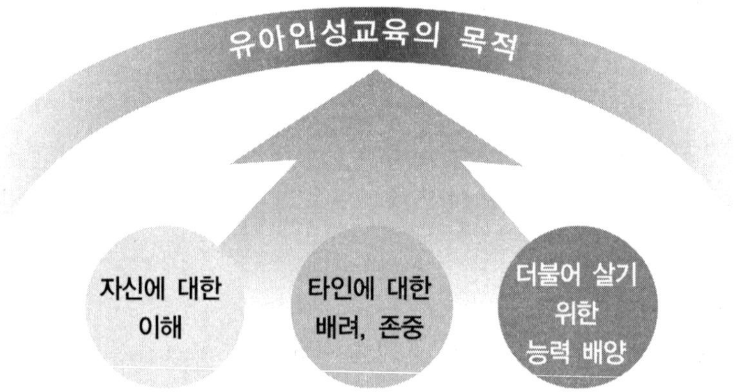

[그림 II-3] 유아 인성교육의 목적

3. 인성교육의 내용 및 덕목

앞에서는 인성교육의 중요성 및 필요성에 따라 인성교육의 목적을 정하였고, 이제는 그 목적을 달성하기 위한 구체적인 내용 및 활동을 찾아야 한다.

많은 학자들은 연구를 통해서 인성교육에 필요한 인성교육 내용 및 덕목들을 제시하고 있다.

Lickona(1991)은 인성교육 내용으로 존중, 책임감, 양심, 자존감, 겸손, 감정 이입, 선에 대한 사랑, 자기 통제 등을 들고 있고, 이원영 외(1992)는 정결, 물질만능 배제, 근면, 질서, 예절, 인내, 타인존중, 협동, 양보, 긍정적 사고, 타인신뢰, 주체의식, 공중도덕 준수, 정직, 생명존중, 책임감, 전통윤리 존중 등을 인성교육 내용으로 들고 있다. 허경철, 조난심(1992)은 효, 경로, 질서, 타인배려, 공동체의식, 정의, 공정, 존중, 책임감, 성실성 등을 들고, 한국교육학회(1998)에서는 연구와 논쟁을 통해서 인성교육의 내용을 자기 본성 인식, 자기 이해, 자기수용, 자기개방, 인간관계, 도덕성 함양, 가치관 확립, 사회성 함양 등으로 정하고 있다. 권이종(1999)은 인성덕목으로 자기존중감, 정서적 안정감, 자신과 세계와의 관계에 대한 감수성, 도덕성, 성숙, 성취효능감, 자아실현 의지 등을 들고 있다. 남궁달화(1999)는 마음의 발달을 위한 정서교육, 자아실현을 위한 가치교육, 더불어 살기 위한 도덕교육으로 인성교육의 내용을 포괄적으로 제시하고 있다. 그리고 박효정(2000)은 정직, 타인배려, 질서의식, 경로효친, 생명존중, 환경보호의식, 성윤리, 정의, 평등의식, 사회연대의식, 애국애족, 절제 등을 인성덕목으로 들고 있으며, Berkowitz & Grych(2000)는 자기통제, 감정이입, 사회적응, 자존감, 사회적 기술, 순종, 양심, 도덕적 추론, 정직, 이타심 등을 인성교육 내용으로 삼고 있다. 교육과학기술부(2010, 2012)는 배려, 존중, 협력, 나눔, 질서, 효 등으로 인성교육 내용을 함축하여 제시하였고, 한국교육개발원(2010)은 인성덕목으로 예절, 타인배려, 준법, 정직, 책임, 바른생활습관, 성실, 질서, 공동체의식, 협동, 자기주도성, 인내심, 열린 마음, 우정, 애국, 생명존중, 정의, 관용, 용기, 독립심 등을 제시하였다. 비교적 최근의 사회현상을 반영한 김명옥, 장명림, 유희정(2009)은 인성교육내용을 문제해결력, 의사소통, 자아개념, 사회적 관계, 타인 배려, 도덕적 기초, 사회적 지식, 정서인식, 정서표현, 정서조절, 감정이입 등으로 정하고 있다. 인성교육진흥법(2015)에서는 예, 효, 정직, 책임, 존중, 배려, 소통, 협동 등을 유아교육덕목으로 제시하고 있다.

이상의 견해들을 종합해보면, 인성교육 내용의 한계를 정하기는 어렵지만, 인성교육 내용을 남궁달화(1990)의 포괄적인 인성교육내용 영역(정서교육, 가치교육, 도덕교육)을 정하고 그에 따른 하위 내용의 탐구와 열거가 적절하다고 본다.

따라서 인성교육내용은 개인의 마음을 발달시키는 정서교육 측면에서 감정이입, 자기통제, 정서적 안정성, 정서인식, 정서표현, 정서조절 등을 들 수 있으며, 자아실현을 위한 가치교육 측면에서는 책임감, 자존감, 정결, 근면, 인내, 긍정적 사고, 주체의식, 생명존중, 자아확립, 자기존중감, 성취효능감, 자아실현 의지, 성숙, 자기 본성 인식, 자기이해, 자기수용, 자기개방, 가치관 확립, 문제해결력, 자아개념, 독립심 등을 들 수 있다. 그리고 가장 중요한 인성교육의 목적을 두고 있는 더불어 살기 위한 도덕교육 측면에서는 타인존중, 양심, 겸손, 선에 대한 사랑, 준법, 질서, 예절, 협동, 양보, 타인신뢰, 공중도덕 준수, 정직, 생명존중, 환경보호의식, 전통윤리 존중, 우정, 애국, 기본생활습관, 효도와 경애, 성윤리, 인간관계, 사회성 함양, 사회적응, 사회적 기술, 순종, 도덕적 추론, 배려, 의사소통, 사회적 관계, 사회적 지식, 사회연대의식 등을 들 수 있다.

〈표 Ⅱ-1〉 인성교육의 내용 및 덕목

구 분	내 용 및 덕 목
정서교육적 측면	감정이입, 자기통제, 정서인식, 정서표현, 정서조절, 정서적 안정성
가치교육적 측면	책임감, 자존감, 정결, 근면, 인내, 긍정적 사고, 주체의식, 자아확립, 자기존중감, 성취효능감, 자아실현의지, 성숙, 자기본성 인식, 자기이해, 자기수용, 자기개방, 가치관 확립, 문제해결력, 자아개념, 독립심
도덕교육적 측면	타인존중, 양심, 겸손, 선에 대한 사랑, 준법, 질서, 예절, 협동, 양보, 타인신뢰, 준법, 정직, 생명존중, 환경보호의식, 전통윤리 존중, 우정, 애국, 바른생활습관, 효도와 경애, 성윤리, 인간관계, 사회성 함양, 사회적응, 사회적 기술, 순종, 도덕적 추론, 배려, 의사소통, 사회적 관계, 사회적 지식, 사회연대의식

제 3 장

부모 및 (예비)교사를 위한 부모 · 인성 교육의 실제

1. 어린이는 신(神)의 선물이요, 자연의 선물이다
2. 창의적 아동 기르기
3. 올바른 칭찬
4. 인격교육을 위한 올바른 공부
5. 자녀의 질문에 대한 적절한 부모의 반응
6. 부모의 행동은 자녀에게 스며든다
7. 어린이는 작은 성인이 아니다
8. 어린이는 기대하는 대로 큰다
9. 어린이의 결핍욕구를 도와주자
10. 어린이의 감정을 알아주자
11. 부모도 자녀에게 생각과 감정을 알려야 한다
12. 비만 어린이 지도
13. 낯가림과 애착 형성
14. 어린이에게도 책임지기를 가르칠 필요가 있다
15. 완벽한 부모의 잘못들
16. 책임있는 부모의 신념과 행동의 결과들
17. 어린이의 관심 끌기가 잘못된 행동일 수 있다
18. 어린이는 위협받지 않으면 잘못된 행동을 하지 않는다
19. 어린이의 긍정적 행동의 배경과 부모의 역할
20. 유아기의 대부분 지식습득은 실제적 체험에서 온다
21. 어떤 것이 아동 학대인가?
22. 아동을 학대하는 부모들은 어떤 특성을 지녔을까?
23. 학대받는 아동들은 어떤 행동을 보일까?
24. 아동학대 예방과 신고요령
25. 유아의 교육적 컴퓨터 활용방법

제 3 장

부모 및 (예비)교사를 위한 부모·인성 교육의 실제

1. 어린이는 신(神)의 선물이요, 자연의 선물이다

인간은 어떻게 존재하는가? 필자가 갑자기 이런 말을 하는 이유는 부모들이 자녀의 존재를 어떻게 보느냐에 따라 자녀교육의 방향이 달라지기 때문이다. 어린이의 존재에 대한 세 부모의 대답을 예를 들어 생각해 보자.

첫 번째 부모는 '주시는 대로 낳지요'라고 말했다. 이 말은 어린이를 신(神)의 창조물로 보는 것이다. 어린이는 신의 창조물로써 부모의 몸을 빌려 한 가정에 신이 주신 신의 선물이다. 즉, 어린이는 부모의 소유물이라기보다는 신으로부터 맡겨진 존재라는 것이다. 그러므로 부모는 신의 대리양육자가 되는 것이다. 이러한 생각을 가진 부모는 대리양육자의 역할을 어떻게 해야 할까? 두 가지만 생각해 보자. 하나는, 신은 과연 나의 자녀를 어떻게 키우기를 바라실까?를 깊이 생각하고 신의 계획대로 자녀를 키우는 것이고, 또 하나는 신이 주신 자녀의 능력이나 개성을 파악하여 그것을 계발시키는 것이다. 이를 인정한다면, 부모는 부모의 생각대로 자녀를 좌지우지하지 말고 신으로부터 부여받은 자녀의 능력을 발휘하도록 도와주는 것이 신의 뜻에 따라 키우는 것일 것이다.

두 번째 부모는 '생기는 대로 낳지요'라고 말했다. 이 말은 얼핏 들으면 무책임한 사람의 말 같다. 그러나 좀 더 깊이 생각해보면 자연의 순리를 따른다는 것으로 해석할 수 있다. 즉, 신(神)에 의해 창조된* 것 이라기보다는 자연 그대로의 존재를 말하는 것이다. 어린이는 부모의 의지에 의해 생겨났기보다는 자연의 순리에 의해 부모의 몸을 빌려 존재하게 되었다는 생각이다. '저 먹을 것은 제가 가지고 태어난다'라는 표현도 이와 맥을 같이 한다고 볼 수 있다. 이러한 생각을 가진 부모들은 자녀를 자신의 소유물로 보지 않고 자녀를 독립된 인격체로 인정하여, 인간은 자연에 의해 스스로 존재한다고 믿고 자녀가 각각 타고난 개성을 인정하고 존중하여 계발해 주려고 노력한다.

세 번째 부모는 '내 자녀는 내가 낳은 거니까 내 소유물이다'라고 말했다. 이러한 생각을 가진 부모들은 자녀의 현재와 미래의 삶을 자녀에게 맡기기보다는 부모 자신의 의지에 따라 좌지우지하려는 경향을 보인다. 즉, 성장해가면서 자녀의 인생계획을 부모의 의지대로 계획하여 자녀의 진정한 능력이나 개성을 고려하지 못한 채, 부모가 의사, 화가, 피아니스트를 정하여 무모한 교육을 하게 된다.

이상의 세 관점에서 결론부터 말하자면, 어린이의 존재에 대해서 최소한 부모의 소유물로 생각하는 세 번째의 관점을 가져서는 안 된다는 것이다.

첫 번째의 관점은 신본주의로, 두 번째 관점은 자연(인간)주의로 볼 수 있다. 한편 이 두 관점에서 공통적인 견해를 도출할 수 있는데 '부모의 의지나 권위에 따라 자녀를 좌지우지하지 않고, 자녀 고유의 능력이나 개성을 찾아 그것을 계발시키려는 인간의 존엄성을 강조한다.'는 것이다.

결코 어린이는 부모의 소유물로써의 존재가 아니다. 그러므로 부모들은 자녀의 능력이나 개성을 파악하지도 않은 채, 자녀의 미래상(의사, 화가, 피아니스트 등)을 미리 결정하여 부모의 계획대로 키우지 말고, '내 자녀는 무엇을 하고 싶을까?'를 먼저 생각해야 할 것이다. 이러한 생각을 바탕으로 하는 아동관은 올바른 자녀교육의 방향을 이끌 것이다. 어린이는 '신의 선물이요, 자연의 선물'이다.

2. 창의적 아동 기르기

최근 우리 교육의 방향과 개혁의 한 소리는 창의적 인간을 길러내는 것이라고 서슴없이 말하고 있다. 6차 유아교육과정 및 7차 초・중등 교육과정의 목적이 '21세기의 세계화, 정보화를 주도할 자율적이고 창의적인 한국인 육성'에 있는 것도 맥을 같이 하고 있다. 그러면 창의적인 인간은 어떻게 길러지는 가를 묻는다면 어떻게 대답할 것인가? 일반인들은 스스로 생각하게 하고 스스로 탐구할 수 있게 하면 된다는 식으로 쉽게 말하고 있다. 다소는 전문적인 답변을 하고 있는 것처럼 보이지만 창의성의 의미와 개발방법에 대한 전문적이고 실제적인 배경이 없이 일상적이고 상식적인 표현을 막연히 말할 뿐이다. 이는 일반인들의 생각을 격하시키려는 것이 아니라 '스스로 사고하게 하고 스스로 탐구할 수 있는 환경과 기회를 제공하는 것'이 말처럼 그리 쉬운 것도 아니며 이를 정확히 하지 못하면 창의성을 그저 그리다 마는 격이 되고 말기 때문이다. 어느 부모를 막론하고 내 아이를 보다 창의적인 인간으로 키우기를 바랄 것이다. 그러기 위해서 창의성은 그렇게 막연한 인간특성도 아니며 저절로 생겨나는 것도 아니라는 생각을 먼저 가져야 한다.

이제 우리는 우리의 당면문제인 창의적인 인간을 기르기 위해서 약간이나마 전문적인 용어로 이해하고, 창의성을 계발시키는 좀 더 구체적인 방법들에 대해서 생각할 때가 되었다.

창의성은 단순히 '무(無)에서 유(有)를 창조'하는 것이라기보다는 '기존의 정보(지식, 경험)를 끌어내어 새롭게 조합함으로써 유용한 어떤 사물이나 아이디어를 만들어 내는 능력'이라고 할 수 있다. 즉, 창의적이라 함은 과거나 현재보다 새로운 사물이나 상황을 이끌어 내는 것이다.

미국의 유명한 베드레헴 철강회사의 회장은 "목 아래는 겨우 2달러의 가치가 있지만 목 위는 사람마다 큰 차이가 있다."라는 극단적인 표현을 통해서 창의성의 중요성을 들면서 다음과 같은 예를 통해서 창의성 수준의 차이를 말하고 있다. "똑같은 양의 강철 덩어리로 어떤 사람은 쇠공을 만들어 5달러의 이윤을, 또 어떤 사람은 바늘을 만들어 350달러의 이윤을, 또 다른 어떤 사람은 손목시계의 정밀한 스프링을 만들어 1000달러의 이윤을 낼 수 있다."라고 하였다.

한편, 창의적인 인간을 영재나 수재와 같은 개념으로만 볼 것이 아니라, 오히려 정상의 모든 인간에게서 보여질 수 있고 계발될 수 있다는 신념을 가져야 한다.

그렇다면 창의적인 유아로 키우기 위한 방법은 무엇인가? 유아에게서 보여질 수 있는 몇 가지 창의적 특성을 살펴보고, 창의적인 유아로 길러질 수 있는 방법들을 찾아보자.

첫째, 어려운 과제나 모험적인 것을 좋아한다.

이때는 아동의 능력을 너무 과소평가하지 말고, 혹 틀리거나 실수를 하여도 또는 그 결과가 미진하더라도 격려해 준다. 즉, 계속하면 잘할 수 있다는 말을 해주는 것이다. 격려는 유아로 하여금 자신감과 도전감을 갖게 하고, 창의적인 유아에게 필수적인 요소인 자율감과 주도성을 길러줄 것이다.

둘째, 무언가 해내려고 애를 쓴다. 즉, 목적을 가지고 어떤 활동을 한다.

이 때, '너는 무엇 때문에 또는 무엇을 하려고 이런 것을 하고 있니'와 같은 질문을 하여 자신의 목적성과 활동 방향성을 보다 분명히 알고 활동하도록 하는 것이 필요하다. 그렇게 됨으로써 유아는 자신의 최종적인 목적 달성을 위해 수행하는 과정활동을 반성적으로 평가하면서 조형(shaping)해 간다.

셋째, 어떤 일이나 학습에 쉬지 않고 열중하는 행동을 한다.

아이가 무언가를 만들어가고 있을 때 '밥 먹으라'든지 심부름을 시킨다면 그 아이는 짜증이 날 뿐만 아니라 그 아이의 창의성 계발을 저해하는 결과가 되고 만다. 창의적인 사람의 특징의 하나는 어떤 일이나 상황에 빠져들어 수행하는 지속력이 높다. 에디슨의 몰두는 시계를 주전자에 넣어버리고 만 것이다.

유아들은 수행활동이 중단된 후 다른 활동을 하게 되면 이전의 활동을 쉽게 잊는다. 그러므로 유아가 충분한 시간을 가지고 자신의 활동에 몰두할 수 있도록 활동시간을 맞춰 주는 일이 필요하다. 예를 들어, 잠시 후 저녁을 먹어야하는 경우라면 새로 사준 장난감의 포장을 뜯지 말고 저녁을 먹은 후에 장난감 포장을 뜯도록 하는 것도 잘 때까지 몰두할 수 있는 충분한 활동시간을 주는 것이다.

넷째, 독특하고 상이한 생각이나 행동을 한다.

이 때 부모나 성인은 아동의 특이함을 무시하거나 잘못된 것으로 꾸짖지 말고 아동의 이면적 생각에서 나타난 말이나 행동일 수 있다는 것을 알아야 한다. 예를 들어, 선생님이 모두에게 사람의 머리를 그리라고 하였을 때, 대부분 아이들은 벌써 동그란 얼굴, 짙은 눈썹과 길쭉한 코를 그리고 있는데, 한 아이는 턱을 괴이고 있다. 결국 그 아이는 손을 들어 질문한다. 선생님! '머리의 속을 그리나요? 머리 밖을 그리나요?'

라고 물었다. 이 때 다른 아이들이 웃거나 선생님의 무시 반응은 참으로 그 아이의 독특한 생각을 인정하지 못하고 있는 것이다. 그 아이는 언젠가 TV를 통해서 본 머리 즉, '뇌'가 생각났기 때문이다. 그래서 '뇌를 그려야 하나'라는 생각을 가진 것이다. 이 아이야말로 가장 창의적인 인간으로 길러질 가능성이 높다.

유아는 일상적이고 일반적인 생각, 말, 행동보다는 이상하고 특이한 생각과 말, 행동에 의해서 창의적인 인간으로 길러지고 있다는 것을 알자. 아이의 이면적 생각을 인정하는 부모나 성인은 아이의 이상한 생각과 표현 그리고 행동을 무시하지 않는다.

미래의 우리 사회는 인간의 창의적 능력을 발휘하는 사회로 거듭날 것이다.

3. 올바른 칭찬

칭찬은 대략적으로 하는 것이 아니다. 만약에 저 아이 수준에서 이 정도의 그림은 잘 그린 것이라고 판단되면, 부모의 속마음은 앞으로 더 잘 그릴 것을 바랄 것이다. 그렇다면 정확한 칭찬을 해야 한다. 그 아이는 '잘 그렸다'라는 말에 현재적으로는 기분이 좋겠지만, 문제는 그 다음의 그림 수준이 그 이전의 수준이나 혹은 그보다도 못 그릴 수도 있다. 그래서 칭찬은 정확하고 가능한 구체적이어야 한다는 것이다. 즉, '그림 잘 그렸다.'라는 식보다는 그림 속에 있는 정말로 잘 그린 꽃에 대하여 '꽃이 살아 있는 것 같구나'라고 말해 주면 그 아이는 다음의 그림에서 꽃만큼은 잘 그릴 수 있을 것이다.

이왕에 칭찬을 하려면 칭찬하여 상대의 기분을 좋게 할 뿐만 아니라 그 행동을 계속해서 나타나도록 할 필요가 있다. 칭찬을 받고 싶은 아이는 없겠지만 우리는 아이들에게 칭찬하는 것에는 계속 잘하라는 마음이 깔려 있는 것이다. 그러나 어린 아이일수록 구체적으로 자신이 무엇을 잘했는지를 잘 모를 때가 많아 유사한 상황에게 그전에 잘했던 것을 정확히 찾기 힘들어 대충하려는 것을 볼 수 있다. 이 때 칭찬을 정확하고 구체적으로 하여 무엇을 잘했기 때문에 내가 칭찬받았는지를 확실히 해준다면 그 아이는 그 행동만큼은 지속하거나 더 잘하려고 한다. 이것이 바로 교육적인 칭찬이다.

잘못된 칭찬도 있다. 잘하지도 못했는데 용기를 불어 넣어주기 위해 우리는 '잘했다.'라고 칭찬하는 경우가 종종 있다. 이때는 칭찬을 하는 것이 아니라 격려를 해야 한다. 격려의 표현은 결과에 대한 칭찬이 아니라 과정이나 노력에 대한 것이어야 한다. '참 수고했구나', '조금만 더 하면 잘하겠구나', '이 부분에 색을 좀 더 밝게 하면 좋을 것 같지 않니' 등의 말을 해 주는 것이다. 그래서 더 열심히 하면 잘할 수 있다는 자신감과 도전감을 주는 것이다. 만약에 잘못된 칭찬을 하게 되면 그 아이는 그대로 칭찬을 받아들여 그 수준에까지가 가장 잘 한 것으로 받아들이기 쉽다. 칭찬을 정확히 하지 못하면 자칫 과잉보호의 의미로 변색될 수도 있다. 즉, '나는 어떻게 하든 우리 부모는 나를 잘했다고 할 거야'라는 보이지 않는 생각이 굳어진다. 늦게서야 잘잘못을 가리려 하지만 아이는 오히려 과거에 자기에게 대했던 부모의 태도를 상기하면서 섭섭해 하거나 반항할 수도 있다.

4. 인격교육을 위한 올바른 공부

교육의 궁극적인 목적은 개인으로 하여금 자아실현(自我實現)을 할 수 있도록 돕는데 있다. 자아실현이란 자신의 모든 잠재능력을 발휘하는 것이다. 인간은 자아실현할 수 있는 능력이나 가능성을 선천적으로 가지고 있으며, 그 능력은 각자의 발달시기에 발달될 수 있다는 것이 인본주의 교육관의 입장을 취하는 로저스, 매슬로우, 루소, 피아제 등의 주장이다.

꽁쯔(孔子)도 인간은 인간의 본성인 인, 의, 예, 지, 신을 태어날 때 가지고 나오며, 스스로 노력함으로써 그 본성들이 점차 계발되어 간다는 능동적 존재로 인간을 보고 있다. 한편, 인간이 자아실현할 수 있는 능동적 존재임에도 불구하고 누구나 자동적으로 자아실현하는 것은 아니다.

꽁쯔는 공부(工夫)를 통해서 인간의 본성을 계발한다고 보고 있다. 인간의 본성인 다른 사람을 배려하는 인(仁), 옳은 것을 사랑하는 의(義),

예의를 갖추는 예(禮), 옳고 그름을 구별하는 지(智), 성실과 믿음을 의미하는 신(信) 등은 원래적으로 완성된 상태로 저절로 그 힘이 발휘되는 것이 아니라 자신을 갈고 닦음 즉, 공부(工夫, 교육)에 의해서 계발된다는 것이다. 공부란 책을 읽고, 쓰고, 셈하는 등의 지식 자체만을 습득하는 것이 아니고 몸과 마음을 갈고 닦는 것으로 일상생활을 반듯하게 하는 것을 몸에 익히는 것이다. 예를 들어 질서 지키기, 예절 갖추기, 약속 지키기, 청소하기, 남에게 피해주는 행동 안 하기, 협동하기 등이 오히려 공부에 가깝다.

요즘처럼 사교육이 필수라고 생각하는 부모들은 마치 많은 지식을 습득하는 것이 공부인양 생각하여 아직 말도 잘 못하는 아이에게 영어니, 산수니, 읽기니, 쓰기 등을 시키고 있다. 오히려 자녀가 더 많은 바른 성취를 하길 바란다면 반듯한 생활을 먼저 몸에 익히고, 그 위에 많은 지식을 쌓게 하는 것이다. 진정한 지식은 바른 생각에 기초하여 바르게 행동할 때 그 가치가 있는 것이다.

그러므로 부모에게 가장 중요한 것은 바른 생활을 할 수 있는 기회를 제공하는 일이다. 또한 그런 연후에, 부모는 인내를 가지고 기다릴 줄 아는 태도를 취하는 것이 매우 중요하다. 다른 아이들과 비교하여 서두르거나 안달하는 것은 그 만큼 우리 아이의 진정한 공부를 방해하는 결과가 된다. 우리 아이의 잠재 능력을 믿어 보자. 오히려 부모는 읽기, 쓰기, 셈하기를 가르치기 전에 여행을 가서 직접 보고, 듣고, 만지는 경험을 하게하고, 때로는 필름, 인터넷, 책 등을 통한 간접 경험의 기회를 제공하는 것이 결과적으로 장차 스스로 지식을 쌓아 갈 수 있는 자율적인 자녀로 기르는 것이라는 것을 깨달아야 한다.

뮤지컬 영화인 〈사운드 오브 뮤직〉에서 가정교사인 마리아수녀는 아이들과 함께 들과 산, 강가를 다니며 자연을 보여주고 즐겁게 노래하면서 놀이의 즐거움을 알게 해 준다. 이런 것이 진정한 공부다. 즉, 한창 크고 있는 아이들은 의자에 앉아 칠판을 보며 공부하는 것보다 자연에 나가서 맑은 공기를 마시며 심신을 키우며 배우는 것이 진정한 공부인 것이다.

옛 선조들은 지식은 격물치지(格物致知)를 통해 쌓아지는 것이라 하였다. 즉, 삼라만상의 생성과 운행이 근본이치와 원리에 기초하여 완성되는 것이다. "지식의 완성은 생각을 성실하게 하고, 생각이 성실하게 되면 마음이 바르게 되고, 마음이 바르게 되면 몸과 마음이 닦아져 그 연후에 지식을 넓히는 것으로 가능하다"고 하였다(대학 제 1장).

필자는 이상에서 주장하고 있는 '진정한 공부(工夫)'야 말로 인격교육의 방법이라고 단정하고 싶다.

5. 자녀의 질문에 대한 적절한 부모의 반응

아이가 질문할 때 부모들이 어떻게 반응해야 하는지를 묻는다면 대부분 성실하게 답해 줘야 한다고 말할 것이다. 그러나 막상 자녀가 계속적으로 질문을 해올 때 어떻게 대했는지를 솔직히 말해 보자. 성실하게 잘 대해 줄 때도 있었겠지만 마침 바쁜 일이 겹쳐서 '다음에 말해 주마'하고 미루다가 그냥 없었던 일로 간주된 경우가 많았을 것이다. 또는 몸이 피곤해서, 말도 안 되는 질문 같아서, 심지어는 정말로 몰라서 등과 같이 아이의 질문을 무시하거나 귀찮게 여겼던 경우도 있었을 것이다.

어린이의 지적 호기심은 만 5세경부터 가장 왕성하게 나타나기 시작한다. 지적 발달 단계의 특성상 이 시기에 아이들의 관심은 무언가 알고 싶어 하는 지적 호기심이 발동하고, 그 호기심에 대한 답을 말해 줘도 또 그 답에 꼬리를 물고 계속적으로 질문을 하게 된다. 귀찮을 수도 있는 상황이지만 아이들은 마치 스무고개를 풀어가듯이 계속해서 질문 공세를 펴기도 한다. 이러한 과정을 통해서 아이들은 지적 탐구심을 가지게 되고, 부모의 답에 대한 또 다른 호기심 등이 연속되면서 논리적 사고력도 키워가는 것이다.

자녀의 질문에 대한 바람직한 부모의 태도는 성실하고, 논리적으로 반응해 주는 것이다. 자녀의 질문에 대한 바람직한 부모의 태도를 몇 가지만 들어 보자.

첫째, 성실하게 답해 주는 것이다. 부모가 성실하게 답을 해주면 자녀는 부모를 신뢰할 뿐만 아니라 자신을 귀찮게 여기지 않는다고 생각하여 계속적으로 질문을 하게 된다. 자녀가 계속적으로 질문을 한다는 것은 부모가 자녀에게 계속해서 생각할 수 있도록 사고를 자극하는 반응을 보이기 때문이다. 이 때 어린이의 질문에 대한 반응을 약간 수준 높게(+1) 해줌으로써 계속적인 호기심을 유발시킬 뿐만 아니라 지적 탐구력도 향상시킬 수 있다는 것도 알아 둘 필요가 있다.

둘째, 논리적으로 답해 준다. 어린이가 '한지는 어떻게 만들어요?'라고 질문했을 때 '한지 만드는데서 만들지', '그냥 만들어', '크면 알게 돼' 등과 같은 반응은 성실성도 없을 뿐만 아니라 전혀 논리적이지 못하다. 바람직한 부모의 반응은 '엄마도 직접 만들어 보지는 않았지만 엄마가 알기로는 한지의 재료는 닥나무라는 것인데 닥나무를 삶아서, 햇빛에 말리고, 두드려서 물에 넣고, 종이뜨기를 하고, 물 빼기를 하고, 말린 다음에 다듬는 거란다'와 같이 논리적인 것이어야 한다. 이 반응에서 어린이는 한지 만드는 과정과 절차를 듣고 생각하면서 논리적 사고를 키워 가는 것이다.

셋째, 모르는 질문은 솔직하고 성실하게 답한다. 그러나 솔직하게 답한다 해서 그냥 모른다는 식의 반응은 좋지 않다. '같이 생각해보자', '같이 인터넷이나 백과사전을 찾아보자'와 같은 반응을 보이면서 문제를 해결해 가는 것이 바람직하다. 이렇게 함으로써 어린이는 부모를 무시하지 않고, 어떤 문제든지 부모는 도움이 된다고 생각할 것이고, 부모와 같이 찾는 활동을 함으로써 다음에는 어린이 스스로 찾는 활동을 할 수도 있다. 이것도 여의치 못할 때는 다음에 꼭 알아서 알려준다고 약속하고, 그 약속을 꼭 지켜야 부모를 믿고 질문을 또 하게 될 것이다.

자녀의 질문에 대한 가장 중요한 부모의 태도는 앞에서도 말한 것처럼 성실하게 답해주는 것이다. 예를 들어, '엄마 왜 달이 자꾸 따라 오지'라고 물었을 때 갑자기 해, 달, 지구의 자전과 공전을 말해주기 어렵거나 아이의 수준에서 도저히 이해하기 어려운 것이라고 판단될 때 '아마도 달이 널 무척 좋아해서 따라오는가 보다'와 같이 말을 해주는 것이 정말로 성실하게 답해 주는 태도일 것이다.

넷째, 자녀의 질문에 대한 답을 직접 주기보다는 반문하자. 아이들은 자기의 생각을 확인하고 싶을 때 질문하기도 하는데 그 때, '너는 왜 그렇게 생각하는데'와 같이 반응해 줌으로써 스스로 생각하는 기회를 주는 것이다. 이런 자녀의 질문에 대한 부모의 반응은 또 다른 질문을 유도하여 자녀의 생각을 자극하고자 하는 목적이기도 하다.

6. 부모의 행동은 자녀에게 스며든다

자녀는 부모의 행동을 보고 배운다. 이것은 아주 상식적인 말이고 당연한 것이라고 생각하고 있다. 그럼에도 불구하고 우리 부모들은 자녀들과 아주 가깝다는 이유로 여과 없이 모든 행동을 자녀들에게 보여주고 있다.

특히, 약 4, 5세경의 자녀들을 둔 부모들은 자녀의 행동들을 잘 관찰해보자. 잘 알고 있는 것처럼 지그문트 프로이드의 오디푸스 콤플렉스라는 말을 상기해 보자. 그리스신화에 나오는 오디푸스라는 왕은 자기의 어머니를 너무 사랑한 나머지 자기 아버지를 죽이고 어머니와 결혼하게 된다. 이 신화를 통해서 어린 남자아이는 어머니를 좋아하고, 이에 상응하는 말인 일렉트라 콤플렉스라는 말이 나와 어린 여자아이는 아버지를 좋아한다고 생각하게 되었다. 그러나 이것은 심정적인 느낌일 뿐이지 사실은 꼭 그렇지 않다. 한편 부모들은 어린 아이가 이성(異性)의 부모를 좋아한다는 생각에 앞서 어린 아이들은 누구의 행동을 더 선호하여 모방하고 있는지를 알아 둘 필요가 있다.

어린 남자아이는 어머니를 독차지하고 있는 아버지를 증오하면서도 오히려 어머니를 독차지하는 아버지처럼 행동하고 싶어 한다. 어머니를 독차지하는 아버지의 힘이 어디에 있는지를 궁금하게 여기던 아이는 어느 날 목욕탕에서 보여진 아버지의 모습에서 알게 된다. 이 아이는 자신의 성기보다 훨씬 큰 아버지의 성기에 힘이 있다고 생각하게 되어, 그 후로 자기의 성기의 소중함을 알게 되고 그것을 잃지 않으려는 생각도 하게 된다. 그래서 이러한 공포를 거세공포증이라고도 한다. 그래서 어린 남자아이는 아버지와의 갈등과 거세공포로부터 벗어나기 위하여 오히려 아버지와 동일시하려는 행동을 보이기 시작한다. 아이의 행동을 유심히 관찰해 보면 그 현상을 쉽게 알 수 있다. 아버지가 출근한 후 어린 아이는 현관에서 방금 전에 보았던 아버지의 행동을 재현하고 있다. 긴 구두칼을 대고 자기 운동화를 신으려고 애를 쓰고 있는 모습이 그것이다. 남자아이는 아버지의 가치, 목표, 심지어는 습관까지도 모방함으로써 어머니를 대리 소유하고자 하는 것이다.

결과적으로 남자아이는 아버지의 행동을 여자아이는 어머니의 행동을 따라하게 된다. 이것이 바로 동성에 대한 동일시 행동인 것이다. 오디푸스 콤플렉스와 일렉트라 콤플렉스의 해결은 동일시를 통해서 가능해진다는 것이다.

이렇게 어린이들은 동일시를 위해서 부모의 모든 행동을 모방한다는 것을 알 수 있다. 따라서 부모는 자연스럽고, 가깝다는 식으로 모든 행동을 보여 줄 것이 아니라 모범이 되는 행동을 보여 주는 것이 어린이의 올바른 행동습관을 기르는 것이라는 것을 명심해야 한다.

7. 어린이는 작은 성인이 아니다

언젠가 오랜 교육경험을 가진 어느 선배님의 말씀을 들으면서 한참 동안 생각에 잠긴 적이 있었다. 어린이에게도 배울 것이 있다는 것을 "어린이는 작은 성인이다."라고 표현하여 말한 것이다. 그 분의 표현에 대해 필자는 어린이를 무조건 무시하지 말고 어린이에게도 배울 것이 있을 수 있다고 이해했지만, 그 문구를 그냥 지나칠 수 없었다. 어린이는 어린이지 크다고 해서 아니면 잘하고 잘 안다고 해서 성인이 될 수는 없다. 어린이는 어린이로서의 사고, 정서 및 감정을 가지고 있으며, 점차 성장 · 발달해 가면서 성인의 사고와 정서 및 감정을 갖게 되는 것이다.

정말로 '작은 성인'이라는 표현이 있었다. 바로 유럽을 중심으로 한 중세시대의 어린이는 '작은 성인'으로 대해졌다. 중세시대는 암흑시대라고도 하는데 그것은 지나친 종교중심의 정치 · 사회와 함께 극심한 경제적 빈곤에 그 이유가 있다. A. D. 10세기 경 중세유럽에서의 평균 수명은 40세 정도였으며, 유아의 사망률은 약 60% 이상에 달했다. 유아의 사망의 주요 원인은 질병, 영양실조, 자연재해 등이었다. 이때의 유아양육법은 특이했는데 중세의 부모들은 대부분 아기가 오래 살지 못하였기 때문에 아기를 강하게 키우는 양육법을 고안하기에 이르렀다. 유아를 찬물에 담그거나, 차가운 수건으로 몸을 싸는 방법 등으로 몸을 단련시켰다고 한다. 한편 이러한 양육법은 유아사망률을 높인 원인이 되기도 하였다. 심지어 부모들은 어린 아기에게 지나친 애착을 갖지 않았다고 한다. 그 이유는 너무 애착을 가지면 아기가 잘못되어 죽었을 때 슬픈 감정을 이겨내기 어렵기 때문이다. 오늘날 우리의 실정으로 생각해 보면 너무나 어이없는 일이기도 하다.

아기가 좀 더 크게 되면 그야말로 '작은 성인'으로의 역할을 시작하게 된다. 어차피 성인이 될 사람이기 때문에 어릴 때부터 성인의 행동을 기르자는 논리이다. 따라서 유아들은 2~7세에는 가정에서 많은 노동(일)을 한다. 3, 4세 정도가 되면 어른들과 함께 카드놀이도 하고 같이 먹고, 마시고 심지어는 성인의 성적인 이야기나 유머에도 참여되었다. 7세가 되면 여아는 성인여성이 하는 일인 바느질, 요리, 집안 청소, 정원 가꾸기, 아기 돌보기 등의 일을 하고, 남아는 도제(徒弟)가 되어 주인을 따라 일이 있는 곳은 어디든지 다니며 훈련을 받았다.

중세시대의 어린이옷은 멋있어 보인다. 그 이유는 어른의 양복이나 기사의 옷을 줄여 입혔기 때문에 멋있는 것이다.

어린이에 대한 개념은 중세를 지나 14세기 이후 르네상스시대에 와서 크게 바뀐다. 어린이는 어른의 축소물도 귀속물도 아닌 하나의 인간으로의 존재라는 철학의 등장은 어린이의 순수성을 인정하고, 비도덕적이고 몰지각한 성인의 유혹을 이겨낼 수 있는 도덕적 힘이 없다 생각을 갖게 하였다. 따라서 성인은 어린이를 보호하고, 교육할 의무를 가져야 하며, 모범적인 행동을 보여야 한다. 급기야는 어른의 옷을 본뜬

멋있는 옷보다는 편리하고 예쁜 아동복이 등장하고, 아이들의 침실과 놀이방까지 생기게 된 것이다.

아동에 대한 개념의 변화와 발달은 루소의 '자연으로 돌아가라'라는 표현에 이르게 되었다. 루소의 주장은 어린이는 어린이로써의 순수함, 천진무구함을 갖고 있으며, 그들 수준의 사고와 정서, 감정 등에 의해서 자신을 표현할 수 있다는 의미를 내포하고 있다.

이제 더 이상 우리는 어린이를 어른의 사고와 정서의 틀에 맞추려 하지 말고, 어린이를 그야말로 어린이로 보아 그들의 생각과 정서를 인정하고, 그들의 자유로운 표현을 유도하는 것이 어린이를 대하는 진정한 태도라고 생각한다.

8. 어린이는 기대하는 대로 큰다

어린이는 기대하는 대로 큰다는 말이 있다. 자신의 의지대로 커 가는 것은 당연하겠지만 남이 기대하는 대로 큰다는 것은 왠지 석연치 않다. 그러나 우리 주변에서 결과된 모습을 보면 남이 기대하는 대로 변화되는 경우가 많다는 것이 사실이다.

프로이드가 대학자가 된 것은 후처로 시집을 간 프로이드의 어머니인 아말리아가 어떤 노파가 어린 프로이드를 보고 이 아이는 커서 세계적인 인물이 될 것이라고 한 말을 귀담아 듣고 그것을 기대로 프로이드를 지극정성으로 키웠기 때문이다.

'그래 넌 잘할 거야' 라는 말과 '네가 뭐 잘하겠니'라는 말을 따져 보자. 이 두 표현에서 현재는 같은 상황이지만 결과는 다르게 나타날 수 있는데 전자의 말을 들은 사람은 후자의 말을 들은 사람보다 훨씬 성공적인 결과를 갖게 된다. 즉, 긍정적 기대는 긍정적 결과를 낳을 가능성이 크다는 것이다. 이러한 효과를 피그말리온 효과(Pygmalion effect)라고 한다. 이 말의 유래는 그리스 신화에 나오는 키프로스섬의 피그말리온이라는 왕의 일화에서 비롯되는데, 피그말리온은 상아로 만든 여상(女像)을 늘 보면서 "이 같이 아름다운 여인과 살았으면"하는 마음으로 그 여상을 사랑하고 있었다. 이를 지켜보고 있던 미(美)의 여신인 아프로디테는 피그말리온의 기대를 저버릴 수 없어서 그 여상에 생명을 불어넣어 아내로 삼게 하였다는 것이다. 반면에 부정적 우려는 부정적 결과를 초래하기 쉽다. 이를 스티그마 효과(Stigma effect)라고 한다. 나쁜 사람으로 부정적인 낙인이 찍히면 그 사람은 그 낙인에 걸맞은 행동을 하게 된다. '네가 뭐 잘하겠니'와 같은 말에 대해 아이는 '어차피 잘해도 인정 못 받을 텐데'라는 생각으로 계속 나쁜 행동을 하게 된다.

부모나 선생님이 자녀나 학생을 어떻게 기대하느냐에 따라 달리 성장할 수 있다는 논리를 가질 수 있다. 어린이는 남으로부터 기대받는 모습대로 행동하려 한다. 한편 기대자의 긍정적인 기대 속에는 자신도 모르게 그 기대대로 조장하고자 하는 행동이 따른다. 예를 들어, 어떤 어린이에게 긍정적인 기대를 했을 경우, 혹시 잘 못했다하더라도 기대자의 행동은 너그럽다. '좀 어려운가 보구나.', '다시 생각해 볼까.', '좀 쉬었다가 할까.' 등등으로 표현한다. 이러한 기대자의 행동은 결과적으로 기대하는 어린이가 성공할 수 있도록 유도하는 것이다. 또한 기대받는 어린이도 그 기대를 저버리지 않기 위해서 최선을 다해 능력을 발휘하고자 하는 자기 충족적 예언을 갖는다.

결과적으로 좋은 교육을 위해서는 어린이의 능력에 대한 가능성을 인정하고 신뢰하는 기대를 가져 주는 것이다. 긍정적인 기대가 기대자와 어린이 모두 성공을 위한 행동을 하게 하는 열쇠가 된다.

9. 어린이의 결핍욕구를 도와주자

"인간의 욕구는 문화에 의해 말살되지 않으며, 다만 억압될 뿐인 인간본성의 내재적인 측면이다." 이는 인본주의자이면서 인간의 욕구이론에 대표적인 학자인 매슬로우가 말한 것으로, 모든 인간은 욕구를 갖고 있으며, 그 욕구에 의해 무언가를 하고자하는 내재적인 동기를 가지고 있다는 의미이다.

어떤 행동이든 그 행동에는 동기가 있으며, 그 동기는 인간의 마음속 깊이 있는 욕구에 의해 유발된다. 인간의 욕구는 쉽게 포기되지 않을 뿐만 아니라 그 욕구는 어떠한 형태로든 나타난다. 욕구의 좌절은 심한 불안과 공포, 심지어는 공격적인 행동으로 반동된다. 욕구는 어느 정도 충족되거나 또는 다른 형태로라도 해소되어야 한다. 그러나 그 욕구의 해소방법이 긍정적인 정서나 행동을 통한 것이어야지 부정적인 정서나 행동으로 나타나면 정신적·신체적 건강을 해치게 된다.

매슬로우는 인간의 욕구를 결핍의 욕구인 생리적 욕구, 안전의 욕구,

소속사랑의 욕구, 존중의 욕구 그리고 성장의 욕구인 자아실현의 욕구를 하위에서 상위에로의 단계로 제시하고 있다. 생리적 욕구는 생리적 현상을 충족시키는 욕구이고, 안전의 욕구는 타인이나 외부로부터 자신을 보호하고자 하는 것이고, 소속사랑의 욕구는 타인들과 함께 하는 사회체제에 속하면서 인간관계를 추구하는 것이며, 존중의 욕구는 타인으로부터 인정받고 싶거나 자신을 믿는 것이다. 그리고 자아실현의 욕구는 평소의 관심이나 자신의 모든 잠재능력을 발휘하고자 하는 욕구이다. 이 이론의 기본 가정은 하위 욕구가 어느 정도 충족되어야 다음의 상위의 욕구가 나타난다는 것이다.

어린이들도 어른들과 마찬가지로 똑같은 욕구를 가지고 있다. 그러나 어린이들은 어른만큼 스스로 결핍의 욕구를 해결하기가 쉽지 않다. 그러므로 부모나 성인들은 어린이의 결핍욕구를 충족할 수 있도록 도와주어야 한다. 생리적 욕구와 관련해서는 배가 고픈 아이, 잠을 충분히 못 잔 아이, 배설을 스스로 통제하지 못하는 아이들을 도와주는 것이고, 안전의 욕구는 부모의 사망, 가정의 불화, 잦은 이사, 유치원 또는 학교의 전학 등으로 인한 불안과 대인 관계 등에 관한 지도가 필요하다. 그리고 소속 사랑의 욕구 충족을 위해서는 부모의 모범적 행동에 의한 자녀의 동일시를 일으키게 하고 가족 구성원으로의 위치를 분명히 해주는 것이 필요하다. 또한 친구를 사귀게 하고 생일에 친구들을 초대해 주는 등 부모가 자신을 사랑하고 있다는 것을 느끼게 할 필요가 있다. 그리고 자존의 욕구를 위해서는 자신을 가치있는 존재로 느끼게 해야 한다. 가장 좋은 방법은 칭찬이다. 자신도 남으로부터 인정을 받고 있으며, 더 나아가 자신감을 가짐으로써 자신을 믿고 긍정적인 삶을 추구해 간다. 마지막으로 자아실현의 욕구는 성장의 욕구로써 타인이나 외부로부터 충족되기보다는 자신의 평소 관심이나 능력을 발휘하고자하는 것이기 때문에, 굳이 부모나 성인의 역할을 들자면 잠재능력을 발견해 주고, 자아실현의 욕구에 이르게 하는 결핍의 욕구를 충족하도록 돕는 것이다.

평소 명랑하고 친구들과 친하며 자신감에 넘쳐 있는 초등학교 1학년인 철수가 최근 3일 동안 말도 별로 없고, 다른 아이들과도 어울리지 않으며, 의욕이 없어 보였다. 선생님은 왜 그럴까하는 걱정을 하면서 철수를 친구들과 어울리게 하고 수업에 끌어들이려고 웃겨보기도 하면서 애를 써 보았지만 철수는 친구들과 잘 어울리지도 않았고, 자신감도 힘도 없었다. 결국 선생님은 철수를 불러 상담하기로 했다. 의자에 앉은 철수에게 우유 반잔을 내주었다. 철수는 단숨에 마셔버렸다. 목이 말랐구나하고 반잔을 더 주었다. 또 역시 단숨에 마셔 버리더니 "휴 살 것 같다."라고 철수는 아랑곳하지 않고 말했다. 이 모습을 보고 벌써 낌새를 알아챈 선생님은 '이 빵도 먹으렴'하고 빵 한 조각을 건네주었고, 선생님은 더 이상 말하지 않았고 철수를 교실로 돌려보냈다. 겨우 5분 후, 교실은 난장판이 되었다. 발랄하고 명랑했던 철수는 친구들과 어울려 책상을 오르내리고 교실을 뛰어다니고 있었다.

그 연유는 이랬다. 철수 부모는 부부싸움을 했고, 철수 어머니는 화가 나서 외할머니 댁에 가 계셨고, 아버지는 첫째 날만 아침식사를 챙겨 주었고, 그 다음 이틀 동안은 회사 일로 일찍 출근해야 했으므로 사먹으라고 돈만 주었다. 철수는 아침 일찍부터 학교 길에서 사먹을 수가 없었고, 오전 내내 배가 고팠기 때문에 아무런 의욕이 생기지 않았던 것이다. 즉, 배고픔의 생리적 욕구가 충족되지 않았기 때문에 자기보호와 소속의 욕구는 생기지 않았던 것이다. 우유와 빵을 먹음으로써 생리적 욕구가 충족되었고, 그리고 선생님의 관심과 보호로 인해 안전의 욕구도 충족되었으며, 따라서 다음의 소속사랑의 욕구가 자동적으로 나타난 것이다.

어린이의 결핍욕구를 도와주기 위한 몇 가지 방법을 알아보자.

첫째, 충분한 수면을 취하도록 한다. 충분한 수면은 신체적 원기, 정신적 균형, 예민함을 회복시켜 주며 스트레스 해소를 도와준다.

둘째, 신체적 건강을 유지하도록 충분한 영양공급과 운동을 하도록 한다. 신체적으로 건강하면 자신에 대한 자부심을 갖게 할 뿐만 아니라 신체적 활동은 뇌를 자극하여 두뇌발달을 촉진시킨다.

셋째, 자존감을 키워준다. 자존감이 있는 아이는 웬만한 스트레스를 쉽게 이겨 내고 자존감은 자기신뢰를 키워주기 때문에 새로운 도전을 마다하지 않는다.

넷째, 과잉보호를 하지 않는다. 어린이는 자율성을 가짐으로써 스스로 행동하고, 주도성을 통해서 자신의 생각을 계획하고 실행해 나간다. 그러므로 어린이가 능동적 생활 태도를 가질 수 있도록 지나치게 간섭하거나 과잉보호해서는 안 된다.

10. 어린이의 감정을 알아주자

어린이는 자신의 감정이나 생각을 알리고 싶거나, 스스로 해결하기 어려운 문제에 직면했을 때 부모와 이야기하고자 한다. 한편, 부모와의 대화에 들어가기 전에 어린이는 자신이 처해 있는 상황에 따라 긍정적인 감정 또는 부정적인 감정을 나타낸다.

어린이의 긍정적인 감정, 그야말로 기쁨과 웃음으로 시작되는 대화에서는 아주 고지식하거나 인색한 부모가 아니라면 부모도 함께 긍정적 감정을 공유하면서 건전하고 발전적인 대화를 진행해 갈 것이다. 이러한 대화에서 부모는 어린이의 감정과 생각을 인정하게 되고, 결과적으로 문제해결의 도움자 역할을 하는 것이다.

그러나 어린이가 대화의 시작 전에 부정적 감정을 나타내는 경우에는 어떻게 해야 할까? 철수는 문을 박차고 들어서자마자 "엄마! 엄마! 나 영수하고 다시는 놀지 않을 거야" 하면서 얼굴을 붉히고 손에 들고 있던 장난감 총도 팽개쳤다. 이 상황에서 부모는 어떻게 반응하겠는가?

1. 왜 그러는데, 2. 또 싸웠니, 3. 친구하고 싸우면 어쩌니, 4. 사이좋게 지내야지 등의 반응이 있을 수 있다. 1, 2 아니면 3, 4, 사실 위에 열거된 반응들은 모두 그 상황에 대한 적합한 반응이 못된다. 이러한 반응들은 비난하기나 책임 추궁식의 반응에 불과하다.

내 자신을 생각해 보자. 내가 웃을 때는 웃을만한 상황이나 이유가 있을 때 웃을 것이고, 마찬가지로 내가 화가 났을 때는 화날만하니까 화가 난 것이라고 할 것이다. 화가 나 있을 때 누군가가 '왜 너는 화만 내고 있니'라고 핀잔 식으로 했다면 당신은 아마도 마음이 편치 못했거나 화를 내야 하는 이유를 점점 소리 높여 가면서 말하고 있을 가능성이 크다. 결과적으로 마음도 편해지지 못했고, 문제 해결의 실마리도 잘 잡지 못한다.

이것은 어린이도 마찬가지다. 어린이가 자신의 감정을 표출하고 있는 것은 자신의 감정과 생각을 알아주기를 바라기 때문이다. 비록 어린이가 화를 내는 것 같은 부정적 감정을 보이면, 부모는 우리 아이가 화가 나 있다는 그 자체를 우선 인정해야 한다.

우선 부모는 '화가 많이 났구나!', '누가 우리 철수를 화나게 했니!' 등과 같은 반응을 먼저 해주어야 한다. 이러한 부모의 반응에 대해 어린이는 잠시 동안 화가 난 상태로 이유를 대면서 '그러니 내가 화가 안 나겠어요!'라는 식으로 반응을 한다.

이 때 한 번 더 자녀의 감정을 인정해 주는 태도를 취하는 것이 중요하다. '그래 나 같아도 화가 났겠다'라는 식으로 반응해 주면 어린이의 목소리는 어느새 훨씬 차분해져 있다는 것을 느낄 수 있다. 왜냐하면, 어린이는 자신의 감정을 충분히 알렸고 부모로부터 자신의 감정 상태를 인정받았기 때문이다. 이때 쯤 되면 '그래 너는 영수와 사이좋게 지내고 싶은데 그게 잘 안되어서 화가 난거지?'라고 질문하는 것이다. 철수의 대답은 '네'일 것이고, 그러면 부모의 반응은 '어떻게 하면 사이좋게 지낼 수 있을까?' 로 이어지게 된다. 이제 진정한 대화는 시작되었고,

결과적으로 어린이 스스로 또는 부모의 도움을 얻어 사이좋게 지내는 방법을 터득하는 문제해결에 이르게 되는 것이다.

진정한 대화의 시작과 문제 해결의 배경은 감정의 이해에서 비롯된다는 것을 명심하자.

11. 부모도 자녀에게 생각과 감정을 알려야 한다

우리 부모들은 전통적으로 칭찬에 인색하고, 자녀에게 부모의 생각을 잘 드러내지 않으려는 경향이 있다. 거기에는 부모의 깊은 뜻을 마음 속 깊이 두면서 속으로는 내 자녀를 누구보다도 더 많이 칭찬하고 사랑하고 있고, 자녀는 부모의 생각을 언젠가는 알게 될 것이라는 생각이 들어 있다. 그러나 이러한 부모의 태도는 아동으로 하여금 자신의 성취에 대한 부모의 무관심이나 자녀에 대한 비 신뢰감으로 반영되기 쉽다.

그러므로 부모는 칭찬해야 할 것은 주저하지 말고 즉시 칭찬하여 자녀로 하여금 성취감을 맛보게 할 뿐만 아니라 부모가 관심을 가지고 있다는 것을 느끼게 해야 한다. 그리고 어린이들도 자신의 생각이나 감정을 알리고자 하는 것처럼 부모도 자신이 처해 있는 상황에서의 생각이나 감정 상태를 알려야 한다. 생각에 앞선 감정의 이해는 생각을 수용하는 기반이 된다. 부모의 긍정적 감정표현이라면 자녀에게 쉽게 감정이입되어 즐겁게 문제 해결의 실마리로 작용할 것이고, 비록 부정적 감정을 알리는 경우도 꼭 거부하는 것이 아니라 부모의 감정을 이해하거나 심지어는 동정을 하게 될 수 있다.

다음과 같은 예를 들어 보자.

> '제발 나가 놀아라(소리를 치며)', '안 나가면 내 쫓을 거야', '정말로 말도 지겹게 안 듣는구나. 혼나야겠다.', '그래도 안 나가니', '차라리 엄마가 나가 버려야겠다.'하면서 일을 보던 것을 가지고 밖으로 나가셨다.

여기서는 부모의 생각이나 감정을 알린 것도 아니고, 단지 아이를 비난하거나 혼낸 것뿐이며, 문제해결도 되지 않았다. 한편, 이 때 아동의 반응은 어떠했을까? '엄마는 나가라고만 해', '소리만 치고 엄마가 뭐 그래', '조용히 놀면 되지' 등의 반응으로 나타난다. 어린이는 부모의 말이 옳다고 생각하기보다는 감정이 상하여 반성보다는 핑계를 대거나 투덜거리거나 남의 탓으로 돌리기 쉽다. 그리고 행동도 전혀 개선되지 않는다. 그러므로 부모는 가르쳐도 말을 듣지 않는다고 생각되어 점점 더 화를 내고 만다. 결과적으로 부모의 생각이나 감정을 솔직하게 알리지 못한 것이다.

또 하나의 예를 들어 보자.

> 자녀가 귀찮게 굴어 엄마가 피곤할 때, '왜 이렇게 귀찮게 구니'라는 표현과 '나는 너무 피곤하구나!'라는 표현에 어린이는 어떻게 생각할까?

전자인 경우 자녀는 '엄마는 나를 귀찮아하는구나, 나는 엄마를 귀찮게 하는 아이구나'라고 생각하여 부모를 탓하거나 자신을 탓한다. 그러나 후자처럼 솔직하게 부모의 느낌이나 상황 또는 생각을 알렸을 때 어린이는 '엄마가 많이 피곤하시구나', '엄마가 힘이 없으시구나'라고 생각하고, '그럼 난 어떡해야지', '엄마가 안 되었구나'하면서 오히려 자녀는 부모를 동정하고, 이해하고, 상황을 인정하며 더 나아가 부모를 도우려 한다.

이와 같이 부모는 자신의 생각이나 감정을 솔직히 자녀에게 알림으로써 자녀로 하여금 생각의 깊이를 갖고 부모의 생각이나 감정을 이해하게 된다.

12. 비만 어린이 지도

아침이면 유치원 버스를 타는 유치원 어린이들, 등교하는 초등학교 어린이들을 보게 된다. 그런데 내 눈을 의심하지 않을 수 없는 광경이 펼쳐지고 있다. 초등학생이 왜 유치원 버스를 타는 걸까? 그리고 중학생들이 왜 초등학교로 등교할까?라고 착각할 정도로 덩치가 큰 아이들이 가끔씩도 아닌 자주 자주 보이니 말이다. 그 아이들의 뒤뚱거리는 걸음걸이를 지켜보자면 내 몸도 좌우로 움직이는 것 같은 느낌이 들면서 불안하기까지 하다. 목욕탕에 가면 옷으로 감추지도 못하는 적나라한 모양은 더 실감이 난다. 누가 보아도 뒤를 보아서는 아저씨로 착각할 수밖에 없으니 말이다.

비만 어린이들의 심각성과 실상은 이 정도로 하고, 비만의 원인은 무엇이며, 비만 어린이는 어떻게 지도해야 하는지 알아보기로 하겠다.

첫째 원인: 유전적 요소를 들 수 있다. 정상부모인 경우, 약 7%의 자녀가 비만인데 반하여 부모가 비만인 경우는 자녀의 80%가 비만이라는 연구보고도 있다. 또 일란성 쌍생아가 이란성 쌍생아보다 더 몸무게가 유사하다고 한다.

지도 방법: 부모가 비만일 경우는 자녀의 비만에 각별히 신경을 써야 한다. 한편, 이와 같이 유전적 요소는 물론이겠지만 오랜 동안 부모와 같이한 식습관도 그대로 학습되었기 때문일 수도 있다는 것을 알아야 한다. 그러므로 부모의 적절치 못한 식습관을 먼저 고치는 것도 중요하다.

둘째 원인: 아동이 과식함으로써 지방세포가 발달한다. 지방세포는 신생아기부터 발달하기 때문에 과다한 수유나 과식은 어렸을 때 지방세포의 수를 많이 갖게 하는 원인이 된다. 한편, 지방세포가 많은 아동은 지방세포가 적은 아동보다 음식을 더 갈망하기 때문에 성인이 되어서도 비만이 될 가능성이 크다.

지도 방법: 신생아기 때부터 적절한 수유가 필요하다. 배고플 때만 수유를 해야 하는데, 아기가 울기만 하면 경험이 없는 초산의 부모는 당황하여 무조건 젖을 물린다. 신기하게도 아기는 울지 않는다. 그것은 바로 그 시기가 구강기로서 무엇이든지 입으로 빠는 것을 제일의 쾌감으로 하기 때문이다. 하지만 이미 과잉 수유가 되고 만 것이다. 따라서 아기의 울음소리를 빨리 파악하여 아파서 울거나, 대소변을 보아 불쾌해서 울 때는 수유가 아니 다른 방법으로 대처해야 한다. 또한 어린이의 정확한 식사 및 간식 시간을 정하여 올바른 식사시간을 지키도록 하여 한꺼번에 많이 먹는 일이 없도록 하여야 한다.

셋째 원인: 신체의 신진대사에 있다. 즉, 과잉 칼로리 섭취에 있다.

지도 방법: 필요한 만큼의 칼로리 섭취가 필요하다. 부모는 자녀를 위하여 적절한 칼로리에 대한 정보를 찾아 알맞은 식사를 마련해 줄 필요가 있다. 특히, 고 칼로리의 콜라, 사이다, 아이스크림, 과자, 초콜릿 등의 고 당분 섭취를 최소화해야 한다.

넷째 원인: 운동부족에 있다. 요즘 어린이들은 자동차, 컴퓨터, TV 등으로 운동량이 현저히 떨어져 있다.

지도 방법: 가까운 거리는 부모가 먼저 모범적으로 걷는 태도를 보

여야 한다. 그리고 정기적으로 등산이나 산보를 아이들과 함께 하고, 놀이나 운동도 부모가 같이 하는 것이 바람직하다. 또 하나의 방법은 TV 시청이나 컴퓨터게임 등은 운동이나 산보 등을 먼저 한 후에 보상의 형태로 활용하는 것이 효과적이다.

마지막으로 비만 어린이를 위한 최고의 지도 방법은 올바른 식습관을 통한 적당량의 음식섭취와 적절한 운동이라고 단정하여 말하고 싶다.

13. 낯가림과 애착 형성

동물행동 이론가인 바울비(Bawlby)는 인간의 행동에 대해서도 유전적으로 접근하고 있다. 인간행동에 대한 그의 대표적인 연구는 '유아의 엄마에 대한 애착' 에 관한 것이다. 애착행동이란 약탈자로부터 어린 것을 보호하는 기능을 하는 것이다. 바로 이런 행동체계를 갖춘 유기체는 자연환경에서 생존할 수 있는 것이다. 인간은 애착행동을 유전적으로 갖추고 있기 때문에 어린 아기는 스스로 살수는 없지만 엄마와의 애착으로 살아갈 수 있는 것이다. 인간의 행동체계의 특징의 하나는 다른 동물에 비해 스스로 생존할 수 있는 신체적 조건을 갖추는데 오랜 시간이 걸린다. 때문에 그 시간 동안에 유아가 생존하기 위해서는 엄마(부모)의 보호와 도움이 필요한 것이다. 이러한 관계는 동물학적으로 결정된 행동체제로써 엄마는 아기를 보호하기 위하여 늘 아기와 접촉되어 있는 것이다. 마치 아기는 엄마가 자신의 일부로 느끼며 생존해 간다.

영아는 보통 6~8개월쯤 되면 심한 낯가림을 한다. 낯가림에 대한 재미있는 예를 들어 보자.

> 7개월된 세영이 엄마가 친구네 집에 갔는데 그 친구네도 7개월된 보경이라는 아기가 있었습니다. 세영이 엄마가 귀엽고 예쁜 보경이를 안아주려 하자 보경이는 아주 크게 울었습니다. 달래도 보았지만 오히려 소스라칠 정도로 계속 웁니다. 세영이 엄마는 이렇게 말했습니다. '애가 뭐 이렇게 별나냐. 예뻐서 안아주려는데 울기만 하고 말이야' 이번에는 세영이 엄마가 세영이를 보경이 엄마에게 안겨 줍니다. 세영이는 별 반응도 없었고, 무표정하고 울지도 않았습니다. 세영이 엄마의 표정은 세영이가 자랑스럽다는 듯 싱글벙글했습니다.

위의 예에서 결론부터 말하자면 세영이와 세영이 엄마는 애착형성이 안되었다는 것을 행동적으로 보여 준 것이다. 낯가림은 애착된 사람(보경이와 보경이 엄마)으로부터의 이탈로 말미암아 불안을 느껴 나타나는 행동이다. 즉, 보경이는 애착이 이미 형성된 엄마로부터 떨어지는 것에 대해 불안해서 운 것이고, 아주 정상적인 행동을 보인 것이다.

인간의 최초 애착형성은 영아기(1~12개월)가 결정시기이며, 그 대상은 부모(특히, 엄마)가 된다. 최초의 애착은 정서발달의 증거이기도 하다. 영아는 약 12개월쯤 되면서부터 서서히 타인과의 애착이 가능해진다.

이상의 전개에 따르면 낯가림은 분명한 애착의 증거이며, 그 이전부터의 애착형성 과정의 결과라고 할 수 있다. 그러므로 아기와의 애착형성을 위해서는 아기와 항상 밀착되어 있어야 한다. 그러기 위해서는 피부가 직접 닿는 것이 좋다. 스킨십을 하기 위해서 윗옷을 벗고 껴안으면서 아기를 재우는 것, 모유를 수유하는 것, 물 속에서 함께 물놀이를 하는 것 등이 있다. 엄마의 부드러운 피부, 부드러운 속옷 그리고 부드러운 침구도 아기에게 포근함과 안정감을 줄 수 있다.

14. 어린이에게도 책임지기를 가르칠 필요가 있다

우리는 어린이가 잘못된 행동을 했을 때 그 대가로 벌을 하곤 한다. 그 대가는 어린이의 책임 몫으로 작용한다. 과연 그 벌이 어린이의 잘못된 행동에 대하여 정당하고 논리적인가? 다음과 같은 어린이의 잘못된 행동 상황과 벌의 관계를 따져 보자.

상황1. 늦게 일어나서 아침도 못 먹고 유치원도 늦는다.
벌1. 저녁에 컴퓨터게임을 못하게 한다.
상황2. 장난감을 망가뜨렸다.
벌2. 손들고 서 있게 한다.

이러한 벌은 단순히 어린이의 잘못된 행동에 대한 대가일 뿐이다. 따라서 벌을 받음으로써 잘못에 대해 그 대가를 다 치렀다고 생각하기 때문에 벌의 진정한 목적인 잘못된 행동의 개선에는 더 이상 생각하지 않게 된다. 심지어는 벌받을 것을 각오하고 또 잘못을 저지를 수도 있다. 위의 상황과 벌의 논리적인 관계를 따져 본다면, 상황1에 대한 벌은 배고픔을 겪게 하거나 지각해서 꾸지람을 듣는 것이 정당한 벌이 될 수 있고, 상황2에 대한 벌은 망가진 장난감을 그냥 가지고 놀게 하든지 아니면 당분간 장난감을 안 사주는 것이 정당한 벌이 될 수 있다고 하겠다. 논리적이고 정당한 벌은 책임지기로 작용될 수도 있다.

어린이에게 책임지게 하는 것은 자신의 행동에 대한 실제적인 결과를 경험하게 함으로써 가능하다. 즉, 자신의 행동에 결과되는 자연적이고 논리적 결과의 상황을 감수하여 자신의 행동에 책임지는 것이다.

상황1에서 늦게 일어남(어린이 행동)에 대한 자연적이고 논리적인 결과는 배고픔과 지각이다. 즉, 늦게 일어나면 배가 고프고, 지각해서 선생님에게 혼난다는 것을 경험하게 하여 늦게 일어난 것에 대해 스스로 책임을 지고 다음부터는 일찍 일어나야 하겠다는 마음가짐을 갖게 하는 것이다.

그러나 이러한 상황에서 대부분의 부모들은 책임지게 하기보다는 소리를 지르면서도 오히려 부모 스스로가 책임지기 행동을 하고 있다. 만일 늦게 일어난 어린이를 택시를 태워가면서 빵과 우유를 먹게 했다고 하자. 어머니가 빵과 우유를 챙기고, 택시를 잡는 것은 자녀가 늦게 일어난 결과였다. 결과적으로 어머니가 다 책임지고만 것이다. 어쩌면 그 어린이는 참 얄미운 애다. '참 편하구나!'라고 생각할 뿐만 아니라 늦게 일어나면 30분이나 타고 가야하는 유치원 버스를 안 타도 되고, 먹기 싫은 밥 대신 빵을 먹게 됐으니 말이다. 오히려 그 어린이는 상습적으로 늦게 일어날지도 모른다.

현명한 부모라면 실제 배고픔을 경험하게 하여 아침밥의 소중함을 느끼게 하고, 늦으면 늦는 대로 걸어서 유치원을 데리고 간다. 결과적으로 지각해서 선생님에게 꾸지람도 듣고 다른 아이들에게도 창피한 마음을 갖게 하는 것이다. 집에서 출발하기 전에 선생님에게 미리 전화를 해서 상황을 이야기하고 오히려 꾸짖어 달라는 부탁을 할 수 있는 부모라면 현명한 부모이다.

상황2에서도 같은 논리가 적용된다. 장난감을 망가뜨렸을 때의 결과는 망가뜨려진 장난감을 고치게 한다든지 아니면 망가진 채로 갖고 놀게 하거나 당분간 장난감을 사주지 않는 방법이 책임지게 하는 것이다.

한편, 이상의 자연적이며 논리적인 책임지기는 모든 상황에 적용되는 것은 아니다. 어린이의 발달이나 능력을 고려하면서 적용해야 한다. 꼭 염두에 두어야 할 것은 책임지기에 앞서 어린이의 감정이나 생각을 알아주면서, 그리고 논리적인 생각을 도와주고, 필요하면 부모의 생각이나 감정도 알려 주면서 잘못된 행동을 개선하려는 노력이 필요하다. 책임지기는 이와 같은 방법으로도 잘 안될 때 쓰는 것이다. 말과 생각, 감정으로 해결되는데 굳이 힘든 상황을 맛보게 할 필요는 없지 않은가?

15. 완벽한 부모의 잘못들

누구나 자녀를 낳아 부모가 되는 시점 아니면 그 이전에라도 부모가 되었을 때의 역할에 대하여 생각해 보았을 것이다. 분명, 훌륭한 자녀로 성장하도록 최선을 다해 키우겠다고 했을 것이다. 이는 부모라면 당연히 가져야 할 생각이다. 그러나 어떻게 하는 것이 부모의 역할을 다 하는 것인가에 대해서는 구체적으로 잘 모르는 경우가 많다. 욕심만 가지고 훌륭한 자녀로 키울 수 있는 것이 아니며, 적어도 부모는 자기 자녀의 특성에 대해서 알고자 하는 태도를 우선적으로 가져야 한다. 즉, 자녀의 능력이나 적성, 또는 성격 등을 알고 그 유형이나 수준에 맞는 자녀교육을 할 때 가장 이상적인 하나의 인간으로 성장시킬 수 있기 때문이다.

부모의 욕심은 완벽한 부모가 되어야 한다는 생각을 갖게 한다. 물론 완벽한 것이 잘못은 아니다. 그러나 앞에서도 말했듯이 자녀의 입장을 고려하지 않고 완벽만을 추구하다 보면 결과적으로 자녀에게 잘못을 저지르기 쉽다.

지금부터는 지나치게 완벽만을 고집함으로써 지니게 되는 부모들의 신념과 그로 인해 행하는 부모의 행동, 그리고 그러한 부모의 신념과 행동으로 말미암아 자녀에게 형성되는 특성을 알아보자.

첫 번째 완벽한 부모의 신념은 항상 부모 자신은 자녀보다 우수하다고 생각하기 때문에 자녀를 통제하고 감독하는 것은 당연한 의무라고 생각한다. 이에 따른 부모의 행동은 계속해서 잔소리나 충고를 하고, 복종을 요구하며, 자녀는 할 수 없다고 생각하여 대신 일을 해주는 등의 과잉보호를 보이게 된다. 심지어는 자녀와 싸워 반드시 이기려는 행동까지 보이게 된다.

결과적으로 자녀는 자율성을 키울 수 없고, 스스로 무능함을 인정하고, 모든 것은 부모나 다른 사람이 대신 해주길 바라며, 잘 안될 때는 반항하거나 분노를 느끼고, 거짓말이나 도둑질까지 하게 된다.

두 번째 완벽한 부모의 신념은 자신만은 완전한 부모로 보여져야 한다고 생각한다. 그래서 별 자랑거리가 아니지만 자녀를 늘 다른 사람들에게 자랑하려 한다. 심지어 부족하더라도 포장하여 자랑하려는 행동을 서슴지 않는 것이다. 또한 자녀에게 항상 잘해야 하고, 칭찬을 받아야 한다고 종용한다.

결과적으로 자녀는 늘 다른 사람들의 의견에 대해 걱정을 하면서 잘해야 된다는 강박관념에 빠지게 된다. 한편 자신이 부족하다는 것을 발견하게 되면 좌절을 느끼게 된다.

세 번째 완벽한 부모의 신념은 자신보다 자녀가 더 중요하기 때문에 자녀를 위해서는 어떠한 희생도 감수해야 된다고 생각한다. 이러한 신념을 가진 부모는 자녀에게 지나치게 몰두하고, 자신의 성취나 욕구보다는 자녀의 성취와 욕구가 충족되어야 하기 때문에 무조건 자녀의 요구를 받아들인다. 심지어 자녀의 성취나 욕구가 충족되지 않으면 부모로써의 죄책감까지 가진다.

결과적으로 자녀는 부모를 제외한 다른 사람들과의 인간관계 형성을 하지 못하게 되고, 다른 사람의 권리까지도 존중하지 않는다. 한편 자기중심적 사고에서 벗어나지 못한다. 즉, 다른 사람의 입장이나 상황을 고려하지 않고 내 욕심대로 받기만을 원한다.

이상과 같이 지나치게 완벽한 부모가 되려고 하면, 오히려 더 큰 부작용이 초래하게 된다는 것을 알아야 한다. 결과적으로 완벽한 부모의 잘못은 자녀의 독립성, 자율성, 책임감을 박탈하는 것이다.

16. 책임있는 부모의 신념과 행동의 결과들

앞에서 완벽해야만 한다고 생각하는 부모의 생각과 행동은 오히려 자녀에게 부정적인 성격을 형성하게 하여 잘못으로 작용할 수 있다고 지적하였다. 지나친 부모의 완벽성으로 말미암아 자녀의 독립성, 자율성, 책임감을 박탈하고 만다.

진정한 부모의 역할은 무조건 완벽한 부모가 되어야 한다는 생각이나 행동보다는 책임 있는 부모로써의 신념을 갖고 그 신념을 실천에 옮기는 행동을 찾아 하는 것이다. 그러면 책임 있는 부모가 가져야 할 신념과 행동, 그리고 책임 있는 부모로부터 결과되는 자녀의 성격형성을 알아보자.

첫 번째 책임 있는 부모의 신념은 어린 자녀도 스스로 결정하고 선택할 수 있다고 믿는 것이다. 따라서 부모는 자녀의 생각이나 의견을 들어주려고 노력하고, 자녀의 선택이 올바르면 칭찬을 아끼지 않으며,

비록 선택이 미흡하더라도 꾸짖거나 무시하지 않고 더 좋은 결정과 선택을 할 수 있도록 유도하고 격려하는 행동을 취한다.

이러한 부모의 생각과 행동은 결과적으로 자녀도 부모나 어른들과 같이 스스로 결정하고 선택할 수 있다는 자신감을 갖게 되며, 더 나아가 장차 자신의 결정과 선택에 대한 책임감을 키울 수도 있다. 그리고 스스로의 결정과 신념은 기다리는 수동적 태도가 아닌 무엇이든 하려는 긍정적이고 적극적인 태도를 갖게 한다. 또한 문제의 해결에 이르면 스스로도 유능함을 깨닫게 되면서 성취감을 맛보는 동시에 높은 성취동기가 생기게 된다.

두 번째 책임 있는 부모의 신념은 자녀도 부모나 다른 어른과 동등한 인격체라고 생각하는 것이다. 이러한 신념을 가진 부모는 자녀를 자신의 소유물로 생각하기보다는 하나의 인간으로 대하는 행동을 하게 된다. 따라서 자녀와 부모 간에 상호 존중하는 행동을 보이게 되고, 다른 사람들과도 서로의 인격과 권리를 존중해야 하는 것을 행동으로 보여 주거나 교육한다.

결과적으로 자녀는 자신의 권리도 중요하지만 다른 사람의 권리도 중요하다는 것을 알게 되어 서로를 인정하고 존중하게 된다. 더 나아가 상호적인 권리의 인정은 서로 좋은 감정을 유발시켜 인간관계에도 도움이 된다. 또한 서로의 존중은 사회성은 물론 타인을 긍정적으로 보는 태도를 키운다.

세 번째 책임 있는 부모의 신념은 부모 자신이나 자녀 모두 인간이기 때문에 모든 면에서 완벽할 수 없다는 것을 인정한다. 이러한 생각을 가진 부모는 상황에 따른 현실적인 기준을 정하려 하고, 인내심을 갖는다. 또한 자녀는 부족할 수 있다는 것을 인정하면서 자주 격려하는 행동을 취한다.

부족함을 인정할 수 있는 부모로부터 성장하는 자녀는 자신의 실수에 대해서 죄책감을 갖지 않으며, 쉽게 포기하지도 않는다. 오히려 주어진 일을 열심히 하려 하고, 시도하다가 틀리면 또 다시 해보려는 도전감을 보인다. 이러한 자녀는 자신의 능력과 노력에 따른 결과에 만족하고 계속해서 새로운 경험을 하려는 용기도 보인다.

17. 어린이의 관심 끌기가 잘못된 행동일 수 있다

드라이커스(Dreikurs)라는 유명한 정신과 의사는 어린이의 잘못된 행동을 4가지로 분류하고 있다. 그 하나가 관심 끌기이며, 그 밖에 힘 행사하기, 앙갚음하기, 무능함 보이기 등을 말하고 있다. 그런데 이들 잘못된 행동들은 위계가 있다. 그 위계는 관심 끌기, 힘 행사하기, 앙갚음하기, 무능함 보이기 순으로 나타난다. 다시 말하면 관심을 끌려는 것이 실패하면 자신을 아무도 막지 못한다는 식으로 힘을 행사하게 되고, 그것도 안 되면 자신이 상처받는 것처럼 다른 사람에게도 상처를 줄 수 있다는 보복심리 및 앙갚음 행동을 한다. 그래도 자신의 의도가 받아들여지거나 해결되지 않으면 극도로 좌절하여 자신의 무능함을 보이는 포기에 이르게 된다는 것이다.

관심 끌기의 행동은 반드시 잘못된 행동만은 아니다. 즉, 처음에는 좋은 방법으로 주의를 끌려고도 한다. 이 시점에서 강화를 해주면 계속해서 좋은 행동으로 주의를 끌려고 노력할 것이다. 그러나 잘한 행동에 대한 칭찬을 놓치거나 무심하게 되면 어린이는 바로 잘못된 행동으로 주의를 끌려고 한다. 왜냐하면 어린이는 자신이 관심을 얻을 때만이 소속될 수 있다고 믿기 때문에 무시되기 보다는 잘못된 행동이라도 해서 관심을 얻어 소속되려고 한다.

부모는 어린이의 잘못된 행동에는 이유(목표)가 있다는 것을 알아야 한다. 즉, 어린이가 관심을 끌려고 하는 행동인지 알기 위해서 어린이의 행동결과를 점검해야 한다.

어린이의 잘못된 행동의 목표가 관심 끌기라고 판단되면, 귀찮다고 관심을 보여 주어서는 안 된다. 결코 잘못된 행동은 수정되지도 않고, 오히려 어린이는 바라던 관심을 얻은 것이 되어 또 그 행동을 하려고 한다. 다시 말하면 잘못된 행동을 강화하게 된 격이 된다. 관심을 끌려는 행동들로는 운다든지, 은근히 사고를 친다든지, 심지어는 오줌을 싸는 경우도 있다.

어린이의 잘못된 행동에 대한 부모의 올바른 대처방법은 상황이 급박하거나 지나치지 않다면 무시하는 것이다. 가능한 부모의 관심이 어린이의 요구에 의해서 이루어지지 않는 것이 좋다.

부모는 어린이의 요구를 떠나서 항상 자녀에게 관심을 가져야 한다. 그렇게 함으로써 자녀는 소외된 존재가 아니라는 소속감을 갖게 되고, 우리 부모는 항상 나를 사랑하고 나에게 관심을 가지고 있다고 생각하게 된다. 부모의 진정한 관심은 자녀가 원해서가 아니라 자녀가 예기치 않았을 때 관심을 보여 주는 것이다.

앞에서도 언급했듯이 잘못된 행동의 최초 형태가 관심 끌기라는 것에 의미를 두어야 한다. 이 관심 끌기가 잘못된 행동으로 나타나지 않도록 하는 것이 중요하다. 왜냐하면 잘못된 행동으로써의 관심 끌기는 보다 강도 높은 잘못된 행동을 전제하고 있기 때문이다.

최상의 방법은 다시 말하지만 어린이의 요구에 의한 것이 아닌 부모가 자녀에게 의무적으로 베풀어야 하는 사랑으로서의 관심일 것이다.

18. 어린이는 위협받지 않으면 잘못된 행동을 하지 않는다

앞에서 어린이는 소속감을 느끼지 못할 때 잘못된 행동으로서의 관심 끌기 행동을 한다고 하였다. 그러한 행동에 대해서는 가능한 한 무시하는 것이 좋으며, 예기치 않을 때 긍정적인 행동에 관심을 보이는 것이 바람직하다고 하였다.

한편, 어린이는 관심 끌기로 소속감을 가지는 것에 실패하면 힘 행사하기, 앙갚음하기, 무능함 보이기와 같은 더 강한 잘못된 행동을 한다. 따라서 어린이가 이러한 행동을 할 때 어린이의 심리에는 관심을 받고 소속하려는 욕구가 강하게 내재해 있음을 인정하고 적절히 대처해야 한다.

그러면 잘못된 행동들에 대한 어린이의 생각, 부모의 반응, 어린이의 행동, 부모의 대처 등을 알아보자.

우선, 자신은 모든 것을 마음대로 할 수 있으며, 자기를 아무도 막을 수 없을 때 소속감을 갖는다고 생각하고 힘 행사하기를 한다. 그러면 부모는 마치 부모의 권위가 위협받는다고 생각하여 흥분하고, 자녀와 싸우기도 한다. 이러한 부모의 행동에 대한 자녀의 반응은 수동적인 태도를 보이거나 반항적인 순종을 할 뿐이다. 반항적인 순종은 동생을 때리지는 않지만 잘 돌봐주지 않거나 사랑하지 않는 것 같은 것이다.

그러므로 부모는 자녀의 힘 행사하기에 대해 화내지 말고, 누가 주도권을 잡느냐에도 초연해야 한다. 부모가 억누르고자 힘을 사용하여 자녀를 복종시키면, 오히려 힘의 가치를 느낀 자녀는 더 힘 행사하기를 하게 된다.

계속해서 어린이는 힘 행사하기를 하지만 힘으로 부모를 이길 수 없다고 판단하면, 또 다른 목표를 가진 잘못된 행동으로써 앙갚음 행동을 한다. 이 행동을 하는 어린이는 내가 상처받은 만큼 다른 사람도 아프게 해야 소속감을 갖는다고 생각할 뿐만 아니라, 나는 사랑받지 못한다고 생각한다. 자녀가 보복 행동을 하면 부모는 깊은 마음의 상처를 받으면서도 무의식적으로 자녀에게 다시 보복하려는 경향이 있다. 한편, 자녀도 계속해서 복수심을 갖고 보복하려는 행동에만 몰두하게 된다.

현명한 부모라면 앙갚음하는 자녀의 감정을 먼저 알아주어야 한다. 또한 벌하지 말고, 감정을 알아주면서 자녀와 신뢰적인 관계를 개선한다. 신뢰적 관계 개선의 가장 중요한 열쇠는 자녀에게 사랑받고 있다는 것을 인식시켜 주는 것이다.

그러나 어린이는 계속적인 앙갚음의 투쟁으로도 해결이 안 되면 결국 부모를 이길 수 없다고 판단하여 급기야 완전한 패배감을 느끼게 되어 해보겠다는 의지를 상실하고 포기한 채 무능함을 보이기 시작한다. 이에 대해 부모는 절망과 포기를 하고, 자기 자녀는 어떤 일도 할 수 없다고 인정하려는 경향을 갖고 과잉보호를 한다. 결과적으로 자녀는 수동적이 되거나 어떠한 반응도 하지 않으려 한다.

무능함을 보이는 행동이 보일 때 부모는 쉽게 동정하고 포기해서는 절대로 안 된다. 진정한 관심과 사랑을 보여 주어야 한다. 그리고 절대로 자녀를 비난하지 말아야 한다. 이미 좌절되어 있는 자녀를 비난하면 더 이상 좌절을 느낄 힘조차 없어져 아무런 반응을 보이지 않으려는 무력감을 갖기 쉽다.

따라서 부모는 평소 자녀의 부정적인 행동에 대해서 벌하고 비난하기 보다는 긍정적인 행동 즉, 자녀의 특기나 장점에 초점을 두고 자기를 향상시키려는 행동이 엿보이면 사소한 것이라도 칭찬해 주고 격려해 주어야 한다.

마지막으로 어린이의 잘못된 행동들은 관심 받지 못하고 소외되었다는 낙심으로부터 비롯되고, 어린이는 자기의 위치를 위협받지 않는 한 잘못된 행동을 하지 않는다는 것을 명심해야 한다.

19. 어린이의 긍정적 행동의 배경과 부모의 역할

어린이의 잘못된 행동에는 목표가 있다. 그 목표는 관심을 끌기 위한 것, 힘 행사하려는 것, 앙갚음 하려는 것, 무능함을 보이기 위한 것 등이다. 한편 어린이가 하는 최초의 행동은 그것이 긍정적 행동이든 아니면 부정적 행동이든 간에 소속감을 느끼려는 의도에 의해서 시작된다는 것이다. 여기에서 중요한 것은 소속감을 느끼려는 의도의 행동이 긍정적 행동일 때 관심을 보여줌으로써 어린이는 계속적으로 발전된 긍정적 행동을 보인다는 것이다. 그러나 출발의 긍정적 행동이 관심을 받지 못하면, 바로 어린이는 부정적인 행동으로 관심을 끌려는 잘못된 행동을 한다. 더욱이 잘못된 행동을 보이기 시작하면서 소속감을 가질려는 어린이의 의도를 정확히 간파하지 못하고 부모가 관심을 보여주게 되면 똑 같은 또는 더 강도 있는 잘못된 행동을 통해서 소속감을 만끽하려 한다.

그러므로 최초의 긍정적 행동에 대한 관심은 매우 중요하다. 그러면 어린이는 어떤 생각과 목적을 가지고 긍정적 행동을 하는지를 알아보고, 그에 대한 부모교육 방법을 찾아보자.

첫째, 유익하고 좋은 일을 하면 소속감을 느낀다고 생각하면서 타인으로부터의 관심을 얻으려 하고, 어디든 참여하려 하고 공헌하고 싶어 한다. 따라서 이러한 신념과 목표를 가진 어린이는 남을 도우려고 하고, 누가 시키기 전에 자원해서 하려는 적극적인 행동을 보인다.

이러한 어린이의 긍정적 신념, 목표, 행동에 대해서 부모는 모범을 보여주면서 남을 도와주도록 유도하고, 그 결과에 대한 만족감을 경험케 하여 그 가치를 인식시키는 것이 중요하다.

둘째, 스스로 결정할 수 있고, 자기의 행동에 책임질 수 있다고 생각한다. 이러한 생각의 목표는 힘과 능력의 인정, 자율성, 책임감에 두고 있는 것이다. 따라서 이러한 어린이는 자기 스스로 일을 하고, 인내를 가지면서 자기훈련에 몰입하며, 능력을 향상시키기 위해 무언가를 알고자 탐구한다.

이러한 긍정적 상황에 대한 부모의 역할은 자녀가 스스로 의사결정하도록 유도하고, 긍정적이든 부정적이든 그 결과를 경험케 하여 자기 행동에 대한 책임감을 갖게 하는 것이다. 그리고 보다 중요한 것은 어린이의 자율적 행동을 믿는다는 신뢰를 말과 행동으로 표현해 주는 것이다.

셋째, 다른 사람과의 갈등에서 물러나고, 협동하는 것이 좋다고 생각한다. 이러한 생각의 목표는 정의와 공평에 있다. 이런 신념을 가진 어린이는 가능한 한 싸우기를 거절하고, 화해하려고 애쓰며, 상대의 상한 마음을 달래주거나 사과하는 등의 친절을 베푼다. 또한 남의 의견을 잘 수용할 뿐만 아니라 상대를 좌절케 하는 비난은 하지 않는다.

이러한 신념과 목표 그리고 행동을 보이는 어린이에 대해서 부모는 어린이의 협동과 남에 대한 배려를 높이 평가하여 협동, 친절 등에 대한 가치를 인식시킨다.

이상을 통해서 볼 때, 어린이가 관심을 끌기 위해서 보이는 잘못된 행동은 가능한 한 무시하고, 긍정적 행동을 할 때는 그 행동의 가치를 인정하는 태도를 보여 주어야 한다. 즉, 성숙하려는 어린이의 노력을 칭찬, 격려하여 긍정적 행동의 가치를 알게 하고, 항상 부모는 자녀에게 관심을 가지고 있다는 믿음을 주어야 한다.

20. 유아기의 대부분 지식습득은 실제적 체험에서 온다

지식을 습득하는 방식이 누구나 같은 것은 아니다. 또한 어떤 지식이나 생각을 표현하는 방식도 누구나 다 같지는 않다. 이해 또는 표현 방식의 차이는 연령이나 발달수준에 따라서 크게 다르다.

표현 방식에는 자신의 직접적인 행위가 포함되어 사물을 직접 조작하면서 이해하는 행위적 또는 작동적 표현이 있고, 간접적인 그림이나 영상 또는 모형 등을 통해서 이해하는 영상적 표현 그리고 언어나 기호와 같은 언어적 진술이나 공식 등을 통한 추상적이고 상징적인 표현이 있다. 이와 같이 어떤 지식이나 사상에 대한 이해나 표현 방식은 여러 가지로 나타날 수 있다.

아직 많은 경험도 없고, 언어능력도 부족한 유아는 실제적 상황을 모의한 영상이나 모형을 통한 이해나 언어적인 표현에 어려움을 겪는다. 오히려 대부분 유아들은 실제적인 상황에 국한하여 생각하고 이해하는 정도다. 즉, 어떤 사물을 직접 만지고 조작하면서 상황에 적응하고 문제를 해결한다.

유아들은 '평형의 원리'라는 지식을 과연 이해할 수 있으며, 있다면 어떻게 이해하겠는가? 물론 초등학교에 다니는 좀 더 큰 어린이는 양팔저울의 눈금과 분동의 무게를 달리하면서 어느 한쪽이 기울어지지 않을 때 평형상태라는 것을 이해할 수 있다. 이러한 이해나 표현 방식은 양팔저울이라는 모형을 통한 것으로써 영상적 표현이다. 한편 초등학교 고학년이나 중고등학생은 앞서 말한 영상적 표현은 물론이고, 양팔저울이라는 대리적 모형이 없이 언어적이거나 기호적으로도 평형의 원리를 이해할 수 있다. 무게와 거리의 관계로 나타내는 'W1 · S1 = W2 · S2'라는 등식으로도 평형의 원리를 이해하고 표현할 수 있다. 이러한 표현방법을 언어 또는 기호로 나타내기 때문에 상징적 표현이라고 한다.

그러나 어린 유아들은 양팔저울의 눈금이나 분동의 단위나 숫자도 정확히 잘 모르기 때문에 양팔저울을 통해서 '평형의 원리'를 이해하긴 힘들다. 그러나 비록 영상적이거나 상징적으로 이해하지는 못해도 실제로 행위를 포함시키는 행동적 또는 작동적 표현으로 평형의 원리를 이해할 수 있다. 유아들이 '평형의 원리'가 충분히 내포되어 있는 시이소를 능숙히 잘 타고 있는 것이 그 증거가 된다. 한쪽은 몸이 뚱뚱한 한 명의 아이가 다른 한편은 몸집이 작은 두 명의 동생들이 앉아서 즐겁게 시이소를 타고 있다. 이는 양쪽의 무게가 같아야 평형이 되는 것을 몸으로 실제로 느끼면서 이해하고 있는 것이다.

더 나아가서 몸집이 큰 한 명의 아이와 몸집이 작은 또 다른 한 명의 아이는 어떻게 시이소를 탈 수 있을까? 한참 지켜보다 보면 역시 시이소를 잘 타고 있다. 몸집이 큰 아이는 중심대로부터 가까운 곳에 앉고, 반대편의 몸집이 작은 아이는 중심대에서 먼 쪽에 앉아서 즐겁게 타고 있는 것을 목격하게 된다. 이 또한 몸으로 충분히 평형의 원리를 이해하고 있는 것인데, 이제는 무게뿐만 아니라 중심에서 떨어진 길이까지 고려하는 보다 고차적인 지식을 표현하고 있는 것이다.

유아들에게 지식을 습득시키기 위해서는 반드시 읽고, 쓰고, 말하게 하면서 가르쳐야 한다는 고정적 관념을 버려야 한다. 그런 방법으로 지식을 습득케 하는 데에는 너무 많은 시간이 걸리거나 아니면 끝내 이해조차 못시킬 수도 있다. 유아들에게는 오히려 실제 행동적으로 조작하고 만지면서 또는 신체적 동작을 하면서 지식을 습득케 하는 것이 효과적이다. 유아기 때의 실제적 체험을 통한 지식의 습득은 좀 더 성숙하여 여러 가지 모형이나 대리적인 상황을 쉽게 이해하게 하는 초석이 되며, 더 성숙하면 실제나 대리적인 상황이나 사물이 없이도 추상적이고 상징적인 것으로도 이해할 수 있게 된다.

21. 어떤 것이 아동학대인가?

외국영화를 보면 어린 아이를 홀로 집에 두고 외출을 하거나 때리는 소리가 나면, 이웃에서 지체 없이 경찰에 신고하는 장면을 쉽게 볼 수 있다. 부모가 급한 일로 잠깐 외출할 수도 있고, 또 부모가 좀 자식을 때렸다 해서 자식이 보는 앞에서 수갑을 채워 연행하는 것을 '좀 너무 하다', 아니면 '우리 정서와는 안 맞는다'라고 생각하는 사람이 많았다. 그러나 우리 사회도 이제는 어린 아이들을 집에 혼자 두어서는 안 되며, 말을 안 듣는다고 해서 아동을 때릴 수 없다는 인식이 확대되고 있다. 그러한 행위가 바로 아동 학대이기 때문이다. 우리 사회도 이제는 더 이상 아동학대를 방치할 수 없다. 「아동복지법 제 26조」에 의하면, '누구든지 아동학대를 알게 된 자는 아동보호전문기관 또는 수사기관에 즉시 신고한다.'고 명시되어 있다.

아동학대라 함은 보호자를 포함한 성인에 의하여 아동의 건강·복지를 해치거나 정상적 발달을 저해할 수 있는 신체적·정신적·성적 폭력, 가혹행위 및 아동의 보호자에 의하여 이루어지는 유기와 방임을 말한다(「아동복지법 제 2조 제 4호」). 이러한 아동학대의 개념에 비추어 볼 때, 우리 주변에서 아동학대의 현상을 쉽게 볼 수 있는 것도 사실이다.

필자는 아동학대의 심각성을 인정하고, 먼저 우리가 잘 모르거나 인식하지 못하고 학동학대를 벌써 저질렀거나 무심결에 지나칠 수 있는 아동학대의 형태들을 밝혀 보고자 한다.

아동학대의 유형은 크게 신체학대, 정서학대, 성 학대, 방임 등으로 나눌 수 있다.

첫째, 신체학대는 신체적 손상을 입히거나 신체적 손상을 입도록 방치한 경우로써 매에 의한 멍, 골절, 화상, 장기파열 등이 이에 해당한다. 특히, 생후 12개월 이전의 영아에게 가해진 처벌은 그 이유 여하를 막론하고 아동학대로 간주한다.

둘째, 정서학대는 언어적·심리적 압박, 긴장 및 불안감 조성, 감금, 모욕, 원망, 경멸적 언어폭력 등으로 아동의 존재 및 인격을 인정하지 않고 멸시하는 경우다.

셋째, 성 학대는 성인의 성적 충족을 위한 경우나 사회적 금기를 어기는 이해하지 못하는 성적 활동에 아동을 개입시키는 것을 말한다. 성적 유희, 성기 및 자위장면 노출, 관음증, 성적 접촉, 강간, 성매매, 포르노물 판매 등이 해당된다.

넷째, 방임은 고의적이나 연속적으로 아동보호를 소홀히 하여 아동의 건강이나 복지를 해쳐 정상적인 발달을 저해하는 행위를 말한다. 의식주를 제공하지 않는 행위, 위험한 상태에 장시간 방치하는 행위, 무단결석이나 가출을 방치하는 교육적 방임, 아동과의 약속을 무시하거나 마음의 상처를 입히는 정서적 방임 등이 있다.

이와 같이 아동학대의 유형과 구체적인 사항을 살펴본 결과, 어떤 사항은 의식적으로 대처할 수 있겠지만, 어떤 사항은 무의식적으로 방관하거나 이미 학대를 해버린 경우에 해당된다는 것을 우리 성인들은 인정하고 반성해야 할 것이다. 일상생활에서 성인들은 '장난으로 한 건데 뭐', 아니면 '좀 바쁘다 보면 밥 한 끼 거를 수도 있지'라는 식으로 대수롭지 않게 생각할지는 몰라도 아동에게는 치명적일 수 있다는 것을 명심해야 한다. 아동기의 치명적인 신체적, 정서적 상처는 성인이 되어 반드시 공격성이나 분노 등의 부정적 행동으로 표출된다는 것도 기억해야 할 것이다.

22. 아동을 학대하는 부모들은 어떤 특성을 지녔을까?

아동학대의 정의에서도 볼 수 있듯이 아동학대는 부모를 포함한 성인에 의함이라고 되어 있다. 많은 부모들은 자신은 아동을 학대하는 부모가 아니라고 생각하고 있다. 성인들은 무의식적으로 또는 아동학대의 형태에 대해 정확하게 인식하지 못한 채 아동학대를 하는 경우가 많다는 사실을 알아야 한다. 뿐만 아니라 아동학대의 가해자는 대부분 부모인데, 성격장애나 알코올중독자 또는 정신이상자 부모의 경우보다도 정상적인 부모라는 사실에 놀라지 않을 수 없다.

지금부터는 아동을 학대하는 부모들의 특성들에 대해서 말하고자 한다. 한편, 다음에 열거되는 특성들은 많은 연구의 결과를 정리하여 제시하는 것이라는 점을 밝혀 둔다. 따라서 부분적이거나 일부의 특성에 해당된다하여 아동을 학대하는 부모라고 단정하는 오해는 없길 바란다.

아동을 학대하는 부모들의 특성 및 그 이유를 열거하면 다음과 같다.

첫째, 어릴 때 자신의 부모로부터 학대를 받은 경우이다. 자신은 평소 자기 자식에게만큼은 그러지 않겠다고 다짐하지만 자신도 모르게 어느새 자녀를 학대하고 있는 자신을 발견할 수 있다. 혹 자신의 다짐처럼 학대는 안 할지는 몰라도 올바른 양육법을 경험하지 못했기 때문에 올바르게 키울 수도 없다. 때문에 자신이 경험한 것을 행하기 쉬워진다는 논리가 성립될 수 있다.

둘째, 아동발달에 대한 지식이 부족하거나 자녀의 신호에 민감하지 못하다. 어느 시기에 무엇을 어떻게 가르쳐야 하는지를 잘 모르기 때문에 자녀에게 부적절한 요구를 하게 되고, 요구가 잘 수용되지 않을 때 학대가 나타날 수 있다. '아직 말을 잘 못하는 유아가 오줌이 마려워 몸을 비틀어 보였지만 부모가 못 알아차리고 아이가 오줌을 쌌다면 누구의 책임인가?'

셋째, 아동에게 비현실적 또는 지나친 기대를 한다. 아동의 능력이나 발달 수준을 고려하지 않고 기대치에 못 미치는 것만을 탓하는 경우가 바로 아동학대에 해당된다. 또한 자신이 못 이룬 것을 자녀를 통하여 이루려는 강한 보상심리도 원인이 될 수 있다.

넷째, 이웃과의 친교가 별로 없고, 가정불화가 잦다. 이런 경우, 가정불화가 이웃에게 알려지는 것을 두려워하고, 자녀를 혼내거나 학대하는 것을 이웃에 들키지 않으려는 성향을 가질 것으로 추측된다. 가정불화로 인한 아동의 심한 정신적 갈등과 불안은 명확한 정서적 학대이다.

다섯째, 부모가 욕구불만이 잦은 경우이다. 부모 자신의 욕구가 충족되지 못했거나 스트레스를 받을 때 욕구 불만 및 스트레스 해소의 대상을 자녀에게 돌려 학대하는 경우가 있다. 이는 잦은 이사, 잦은 직업변경 등의 부모의 불안정성이 원인이 된다.

이 밖에도 참을성이 부족한 부모, 복종을 지나치게 원하는 부모, 아이의 울음에 화를 잘 내는 부모, 자아존중감이 부족한 부모 등도 아동학대 가능성의 부모로 볼 수도 있다.

23. 학대받는 아동들은 어떤 행동을 보일까?

학대부모의 특성을 알아보았듯이 학대부모의 행동은 겉으로는 별 문제 없는 것처럼 보이지만 그 특성들의 원인을 파헤쳐 보면 정신적, 정서적으로 많은 부족함이 있음을 알 수 있었다. 그러면 학대받는 아동의 행동은 어떠할까? 정상 아동들의 행동과는 어떤 차이가 있으며 그 이유는 무엇인지 알아보자.

지금부터 열거되는 행동들은 많은 학자들의 연구결과들을 토대로 하고 있음을 미리 밝혀 둔다. 그러므로 일부 또는 어쩌다 보이는 하나의 행동으로 함부로 학대받는 아동으로 판단해서는 안 된다. 다만 다음에 열거되는 행동들의 빈도가 많은 경우 학대받는 아동으로 의심하고, 학대받는 아동으로 판단되면 신고, 보호, 치료 등의 적절한 대처를 강구해야 한다.

첫째, 공격적이거나 파괴적인 행동을 많이 보인다. 학대받은 아동은 그 불만을 해소하기 위하여 파괴적인 행동을 보일 수 있으며, 또는 공격적·파괴적 행동은 아무도 신경 써 주지 않음에 대한 관심의 표명으로도 나타날 수 있다.

둘째, 지나치게 소극적이고, 수줍음을 많이 타며, 쉽게 두려움을 가진다. 매사 자신감이 부족하여 적극적이지 못하고 수줍음을 잘 탄다. 그리고 직면하게 될 상황에 대해 자신의 대처능력과 상관없이 두려움부터 앞선다.

셋째, 성인과의 접촉을 기피한다. 자신을 학대하는 대상을 모든 어른으로 전이하여 성인과 접촉하지 않는 것이 학대받지 않는 수단이라고 생각한다.

넷째, 다른 사람을 신뢰하지 않는다. 아동의 최상의 신뢰자는 부모이다. 그러나 부모를 신뢰하지 못하면 즉, 가장 믿었던 부모로부터의 비보호와 비신뢰는 마음의 상처를 갖게 된다. 내 부모조차 못 믿으면 타인을 어떻게 믿을 수 있단 말인가? 이 소리 없는 마음의 호소는 결과적으로 모든 사람(타인)을 못 믿게 되어 매사를 부정적으로 보고, 의심하는 성격의 소유자로 만들게 된다.

다섯째, 아동학대는 악순환된다. 학대받은 경험이 있는 경우 학대부모가 되기 쉽다고 한 것처럼, 학대받은 경험 즉, 배운 것을 자신의 자녀에게 행하게 되는 논리이다.

그밖에 낮은 자존심, 무감각 또는 무표정, 퇴행적 행동, 무단결석, 가출, 지나친 성도착, 신체 허약, 방과 후 서성거림 등도 학대받는 아동의 행동일 수 있다.

24. 아동학대 예방과 신고요령

> **"아동학대 신고"**
> **국번 없이 "112"**
> **아동학대신고상담센터 : 02)776-5660, 02)755-1737**
> **또는 (http://www.childabuse.or.kr) 또는 수사기관에 신고한다.**

앞에서 우리는 아동학대 유형, 아동학대 부모의 특성, 학대받는 아동의 행동 등을 살펴보면서 우리 사회에도 이미 아동학대가 깊숙이 파고들어 만연되고 있음을 깨닫게 되었다. 이제 중요한 것은 아동학대가 없는 우리 사회를 만들어 가기 위한 예방이다. 예방의 시작은 작은 사소한 아동학대라도 그냥 넘기지 않는 태도를 가지는 것이다.

그럼 아동학대를 어떻게 예방하고, 실제로 아동학대를 목격하거나 알았을 때 신고하는 요령에 대해서 알아보자.

아동학대가 발생되면 아동의 심리적 또는 신체적 치료에 최선을 다해야 한다. 그러나 어떠한 최상의 방법을 동원한다 해도 원상회복은 쉽지 않다. 따라서 아동학대는 치료보다는 예방에 더 힘써야 한다.

아동학대의 예방은 가해자인 어른(부모 포함)과 피해자가 될 수 있는 아동 모두의 차원에서 이루어져야 한다.

우선적으로는 성인의 인식, 생활 및 행동에서 그 예방책을 찾아야 한다.

첫째, 부모는 가능한 아동과 함께 하는 시간을 많이 가져야 하며, 화목한 가정을 꾸려 나가려는 노력을 해야 한다. 특히 자녀는 우리 가족 구성원의 필수적 존재라는 인식을 가져야 한다.

둘째, 화나 폭력의 충동을 느끼게 되면, 결과로 벌어질 장면 속의 연약한 어린 아동을 머릿속에 떠올리면서 이성을 찾도록 한다.

셋째, 자녀의 소질, 적성, 능력 등을 정확히 파악하여, 현실적이고 수준에 맞는 기대를 해야 한다.

넷째, 아동 양육 및 교육에 대하여 전문가, 친척, 이웃 등과 상의하여 아동의 심리를 이해하고 어려운 고민 상황을 해결해 나간다.

다섯째, 성인(부모) 자신은 건전한 정신건강 및 정서안정을 가져야 한다. 만일 심한 스트레스나 불안 등이 나타나면 전문가와의 상담 및 치료를 받는다.

여섯째, 자녀(아동)에게 아동학대의 유형 즉, 신체적, 정신적, 방임적, 성적 학대 등에 관한 교육을 철저히 해야 한다.

다음은 아동입장에서의 예방책은 무엇인가?

첫째, 학대 상황이나 장면에서 크게 울거나 싫다고 소리를 질러 주위의 어른들에게 위험한 상황을 알린다.

둘째, 가능한 현장에서 탈출하기 위한 생각을 계속 갖고 기회를 엿보아 도망간다.

셋째, 잘 모르는 사람은 절대로 따라가지 않는다.

넷째, 자신의 거부의사를 분명히 한다(싫어요! → 피한다 → 다른 어른들에게 알린다).

마지막으로 아동학대 신고요령을 알아보자.

1. 아동학대의 상태나 현장을 목격하면, (예; 심한 멍이나 상처가 빈번히 보이는 아동, 폭언 또는 신체적인 폭력을 하는 장면, 성인 또는 근친의 성폭력, 유해환경이나 업소에서 비도덕적인 노동에 이용당하는 경우 등)
2. 아동 또는 가해자의 신상(이름, 성별, 나이, 전화번호 등)을 국번 없이 112로 신고한다.

25. 유아의 교육적 컴퓨터 활용방법

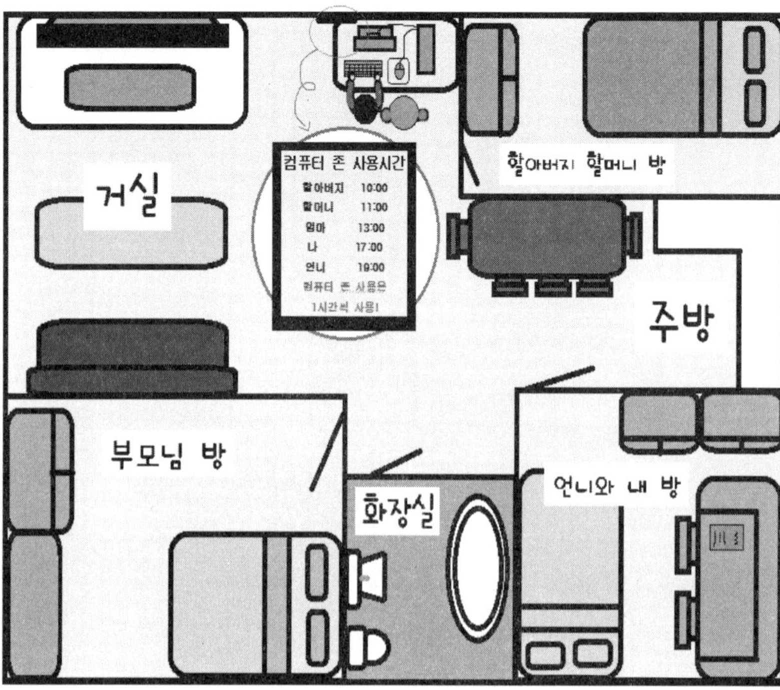

컴퓨터 앞에는 과연 누가 앉아 있을까? 이런 질문은 1970년대나 있을 법하다. 과학자를 연상하는 질문이기도 했을 것이다. 그러나 오늘날은 남녀노소를 가릴 것도 없고, 어떤 특정 분야의 사람들만도 아니다. 심지어는 말도 잘 못하는 3살짜리도 컴퓨터 앞에 앉아서 무언가를 조작하면서 아주 진지하게, 그리고 간혹 깔깔대고 웃고, 컴퓨터와 말을 주고받기도 하는 모습을 쉽게 볼 수 있다.

이제 유아들도 컴퓨터를 다룰 수 있게 되었다. 한편 컴퓨터는 유아들에게 교육적으로 활용될 때 유아에게 유익한 도구가 될 수 있다는 것을 우리 어른들은 알아야 한다. 특히 각종 유아교육기관에서도 유아들에게 컴퓨터 조작의 경험을 주기 위하여 다량의 컴퓨터를 준비하거나 별도로 컴퓨터실을 마련하기도 하는 것이 사실이다.

이러한 시점에서 유아교육기관이나 가정에서는 교육적인 컴퓨터 활용을 인식하고 그 방법을 탐구하고 적용할 수 있어야 한다.

필자는 교육적인 컴퓨터 활용방법을 유치원, 가정에서의 컴퓨터 설치 조건과 학습용 코스웨어(소프트웨어) 선정 기준의 두 차원에서 말하려 한다.

먼저, 좋은 컴퓨터 설치 조건을 열거하면 다음과 같다.

1. 별도의 컴퓨터실이 아닌 다른 영역과 이웃하면서 흥미영역에 배치하는 것이 효과적이다. 필요시에는 다른 영역의 학습에서도 컴퓨터를 사용할 수 있어야 하기 때문이다.
2. 컴퓨터 1대에 2, 3개의 의자를 두어 서로 이야기하고 협동할 수 있게 한다.
3. 눈을 보호를 위해 빛이 들어오는 창가를 피해 설치한다.
4. 모니터는 유아의 눈높이보다 낮게 한다.
5. 유아들은 마우스를 많이 쓰기 때문에 안정적으로 사용할 수 있도록 좀 더 큰 마우스패드를 제공하고, 잘 작동하도록 마우스 청소를 잘 해주거나 광마우스를 사용한다.
6. 컴퓨터의 전원은 멀티탭 등을 활용하여 한 번에 on/off가 가능하도록 설치한다.
7. 유아 자신의 산출물은 동기를 유발시키기 때문에 프린터를 적극 활용한다. 또한 유아들의 작품은 잘 보이도록 전시한다.
8. 스캐너, 디지털카메라 등도 사용하여 다양한 활동 경험을 하도록 한다.
9. 집에서도 가능한 거실에 설치하여 가족 모두의 것으로 인식하고 사용한다. 이 설치방법은 비교적 공개적이기 때문에 유해프로그램 사용을 방지할 수도 있다.

그리고 좋은 학습용 코스웨어의 선정 기준을 제시하면 다음과 같다.

1. 그림 메뉴가 많아 유아가 쉽게 사용할 수 있어야 한다.
2. 유아가 결정하고 창의적으로 반응할 수 있는 개방적 프로그램이어야 한다.
3. 유아의 발달단계를 충분히 반영하는 것이어야 한다.
4. 다른 활동을 하고 싶을 때, 쉽게 빠져 나올 수 있어야 한다.
5. 재미있는 효과음이 포함된 프로그램이 좋다.
6. 유아 자신이 쉽거나 어려운 것을 자유롭게 선택할 수 있어야 한다.
7. 다양한 칼라를 사용하고 선명해야 한다.
8. 저장, 인쇄기능이 쉬워야 한다.
9. 유아들의 흥미와 관심은 계속 바뀌기 때문에 너무 비싼 가격은 고려한다.

이상과 같이 유아를 위한 컴퓨터의 교육적 활용은 컴퓨터 설치 조건과 소프트웨어의 선정 기준에 다양성, 동기유발, 흥미, 건강, 용이성, 협동성, 개방성, 적절성, 기능 등의 요소가 충분히 반영될 수 있을 때 가능하다 하겠다.

제 4 장

부모 · 인성 교육을 위한 몇 가지 심리학적 배경

1. 첫 인상은 중요하지만 편견이 될 수 있다
2. 성격은 사람마다 다르다
3. 생명의 시작과 초기 발달
4. 태아는 듣기도 하고 소리도 낸다
5. 조산아의 예방과 대책
6. 인간의 기억(기억의 과정과 감각기억)
7. 인간의 기억(주의와 단기기억)
8. 인간의 기억(장기기억과 기억술)
9. 인간의 기억(기억의 인출 방법)
10. 적절한 수면은 뇌 활동을 증가시킨다
11. 스트레스 대처 방안
12. 경쟁 상대와의 갈등해소 방법
13. 대인관계에 필요한 것은 무엇인가?

부모·인성 교육을 위한 몇 가지 심리학적 배경

1. 첫 인상은 중요하지만 편견이 될 수 있다

첫 인상은 오랜 시간이 흘러도 쉽게 지워지지 않는다. 특히, 외모적인 이미지는 더욱 그렇다. 얼굴은 기억이 나지만 이름이 기억나지 않는 경우가 있는데 그것은 외적인 매력이 너무 강했기 때문일 수 있다. 매력적인 얼굴에만 마음을 빼앗겨 통성명은 별로 의미 없게 되어 이름을 금세 잊어버리고 만 것이다. 이렇게 첫 인상은 내적인 매력보다는 외적인 매력에 더 지배적인 영향을 받는다.

그런데 상대에 대해서 점차 이것저것 특히, 내적인 세계까지 알게 되면서 처음의 인상에 대한 평가를 수정하게 된다. 첫 인상이 별로 안 좋았던 사람이라도 몇 번 만나고 상대의 장점들을 발견하면서 첫 인상이 완화되고 호전된 인상을 갖게 된다. 그러나 여전히 처음 만났을 때의 인상은 완전히 없어지지 않고 남게 되고 실제로 상대의 평가에 영향을 미친다. 처음에는 별로 좋은 인상이 아니었으나 만남을 거듭하면서 좋은 인상으로 비쳐지는 과정에서, 혹 그 사람이 실수하는 것을 목격하면 '그럼 그렇지'라는 반응을 쉽게 보인다. 반대로 첫 인상이 좋았던 사람의 실수를 목격하면 '그럴 수도 있지'라고 관대해지는 것이 사회 통념적인 태도이기도 하다.

이는 상대를 판단함에 있어서 오랜 시간을 통해서 형성된 태도나 내적 정신세계보다는 단 한 번 또는 단시간에 비쳐지는 외적인 신체적 매력을 더 중요시하는데 있다. 그럼 이러한 현상을 사회 통념적인 순리로만 받아들일 것인가? 필자의 견해는 솔직히 말해서 외적인 신체적 풍미를 전적으로 거부하기보다는 내적인 매력도 상대의 판단에 반드시 포함되어야 함을 강조하고 싶다. 다시 말해서 상대의 외적인 매력으로만 판단하기보다는 상대의 마음씨나 생각, 논리 등도 판단의 기준이 되어야 함을 말한다.

한편, 첫 인상이 그렇게 중요하다면 좋은 첫 인상을 가지면 될 것이다. 상대를 좋은 인상으로 보고자 하는 것은 물론 자신도 좋은 첫 인상을 보이도록 하는 것이다. 상대를 좋은 인상으로 보기 위해서는 외모보다는 상대를 신뢰하고 긍정적으로 보려는 태도를 가져야 한다. 첫 인상을 좋게 보면, 후일에 비록 안 좋은 경우 조금은 후회하겠지만 첫 인상의 좋은 감정 때문에 향후 다시 호전될 가능성이 많다. 반대로 첫 인상을 부정적으로 보면, 설령 점차적인 만남으로 인상이 호전된다 해도 최초의 부정적인 이미지가 완전히 지워지지 않기 때문에 완전한 인상의 회복이 어렵다.

이러한 현상은 놀이터에서 놀고 있는 어린 아이에게도 적용할 수 있다. 예를 들어, 머리가 단정하고 예쁜 옷을 입은 귀여운 아이가 놀고 있을 때, 지나가던 한 어른이 '너 참 예쁘게 생겼구나! 엄마 말도 잘 듣는 착한 어린이지, 그래 잘 놀아라.'하면서 머리를 쓰다듬어 주고 간다. 그런데 그 어른이 머리가 단정치 못하고 옷도 지저분하고 세수도 하지 않은 것 같은 또 다른 아이가 놀고 있는 것을 보면서, '얘 넌 머리가 그게 뭐니, 넌 엄마 말도 잘 안 듣겠구나, 집에 가서 세수나 해라!'라고 괜히 핀잔을 주고 간다. 바로 그 어른은 외적으로 두 아이를 판단했을 뿐만 아니라 편견을 한 것이다. 편견의 원인은 바로 외적인 매력에 있었으며, 그것이 첫인상으로 작용한 것이다. 사실, 앞의 두 아이 중에 어떤 아이가 더 착하고 성격이 원만한지는 더 만나보고 더 지켜봐야 알 것이다.

마지막으로 당부하고 싶은 것은 어디서든지 아이들을 보고 판단하는 어른들, 유치원이나 학교에서 아이들을 보고 판단하는 선생님들은 인상의 오류를 범하지 말아야 한다는 것이다. 인상의 오류를 최소화하는 것이 바로 편견을 하지 않는 것이며, 편견을 하지 않음으로써 모든 아이들의 첫 인상을 좋게 보고, 모든 아이들을 긍정적으로 보는 시각을 가질 수 있다.

2. 성격은 사람마다 다르다

사람들은 잘 지내가다가도 헤어지기를 서슴없이 한다. 2012년 우리나라 이혼율은 OECD 회원국 중 1위라는 불명예를 차지했고 2015년 현재에도 세계 3위이다. 저 사람들도 했는데 하는 식의 그야말로 유행을 따르는 분위기가 감도는 사회가 되었다. 특히, 이혼 사유에 있어서 결혼기간이나 연령이 낮은 경우의 대부분이 '부부간의 갈등'을 손꼽고 있다. 그런데, 막상 이혼과정에서 주변 사람이나 전문가들의 화해를 위한 중재에서 가장 큰 어려움은 갈등해소의 방해원인으로 서로의 성격 차이를 들고 있다는 것이다.

그럼 성격에 대해서 생각해 보자. 누구는 좋은 성격을 가졌다 하고 누구는 나쁜 성격을 가지고 있다고들 하나, 성격은 좋고 나쁨을 말할 수 없다. 이 세상 사람의 성격은 모두가 다르다. 선천적인 기질의 차이, 각기 다른 환경에서 자람으로 해서 즉, 환경에 의해 오랜 세월을 살아가면서 형성된 성격 또한 사람마다 다를 수밖에 없다. 그렇기 때문에 성격의 차이는 당연한 것이고, 우리는 각기 다른 성격을 가지고 자신의 성격을 보이며 때론 상대방의 성격을 따르면서 인생의 다양성을 흥미롭게 개척하면서 사는 것이 우리의 삶이 아닌가? 더 쉽게 말하자면, 나의 성격이 상대방에게 도움이 되고 또 상대방 성격이 나의 삶에 도움이 될 수 있어 서로가 상부상조하면서 더욱 발전적이고 행복한 삶을 찾아가는 것이다.

만약에 성격이 같다고 가정해 보자. 과연 서로 말할 필요도 없을 정도로 마음이 통하는 성격일치가 행복한 삶을 보장할 것인가? 그 삶은 참으로 지루할 수밖에 없을 것이다. 그 삶은 정체되어 있을 것이고 좀 더 좋은 변화된 삶의 추구도 없을 것이다.

그러면 지나친 성격의 차이를 그냥 인정만 할 것인가? 그건 아니다. 서로의 노력에 의해서 약간의 성격변화를 도모해야 한다. 그러나 성격은 기질적이고 오랜 세월 동안에 형성된 것이기 때문에 그리 쉽게 바뀌지 않는다. 하지만 실망할 필요는 없다. 성격은 아주 조금 그야말로 손톱만큼의 변화만 가져와도 행복한 삶을 누릴 수 있기 때문에 성격을 하루아침에 또 완전한 성격개조를 하려는 것은 무모한 짓이다.

그럼 약간의 성격변화는 어떻게 할 것인가? 우선, 근본적으로 고치려는 마음을 일단 버리자. 유전인자를 변형시키기 전에야 타고난 것이 고쳐지겠는가? 우리가 할 수 있는 방법은 환경을 이용할 수밖에 없다. 즉, 환경을 조금씩 변화시키는 것이 가장 현명한 방법이다. 성격은 의지만 가지고 변화될 수 없으며, 반드시 새로운 환경 속에서 몸소 경험할 때 어느 정도의 변화가 가능하다. 어떤 사회성이 부족한 사람이 '나도 이제 성인이 되었으니 남들과 어울리고 내 말도 해야지'라고 밤새 다짐했지만, 다음날 쉽게 행동으로 옮겨지지는 않았다. 이것이 바로 의지로만 되지 않는다는 것이다. 그 사람이 사회성을 가지려면 때론 형식의 사회를 이용하는 것이다. 어느 지역사회단체의 모임에 가입하여 의무적으로 모임에 나가고 그러면서 사람들과 어울리게 된다. 그렇게까지 할 필요는 없다고 하겠지만 어느새 그 사람은 그 모임에서 중간 위치의 임원이 되어 있을 수 있고 의도적이든 아니든 다른 사람들과의 어울림을 편하게 하고 있는 자신을 보면서 놀라 있을지도 모른다. 그 작은 변화가 자신의 행복한 삶을 이끈 것이다. 낮은 지배성을 가진 사람이 꼭 불편한 삶을 사는 게 아니다. 만약 그 사람이 할 수 없이 남을 시켜야 했을 때, 밤새 그들에게 미안한 감을 갖고 잠을 못 이룬다면 괜히 높은 지배성을 발휘하려다 자신만 불편해지는 것이다. 결론적으로 말하자면 서로가 또는 사회생활을 하면서 불편하지 않을 정도의 성격을 가지려는 노력이 분명 가장 좋은 성격 소유자가 되는 것이다. 이 정도 되면 굳이 남의 성격을 탓할 것인가?

3. 생명의 시작과 초기 발달

인간의 생명은 정자가 난자와 수정되면서 시작된다. 난소를 떠난 난자가 24시간 이내에 정자를 만나게 되면 수정이 이루어져 한 생명이 시작되는 수정란을 만든다. 태내에서의 발달은 평균 266일(약 38주) 동안 계속되는데, 태내발달은 수정란이 자궁에 착상하는 발아기, 수정란의 착상에서부터 약 8주간 주로 기본적인 신체구조 발달이 이루어지는 배아기, 그리고 그 이후 출산까지의 발달인 태아기의 단계를 거치게 된다.

한 생명체는 비록 외부세계는 아니지만 어머니 뱃속에서 여러 단계와 신비의 발달을 하면서 세상에 나갈 준비를 한다. 먼저 초기의 태내발달에 대해서 알아보자.

수정된 난자는 나팔관을 지나가면서 동시에 계속 분열하면서 3~4일 후 자궁에 착상하여 앞으로 자리 잡고 살아갈 터전을 마련하게 된다. 이 시기는 배아기로 약 8주에 걸쳐 신체의 구조적 변화가 상당히 이루어진다.

자리를 잡은 배아는 앞으로 자라갈 집을 마련하게 되는데 그것이 바로 태반이다. 계속해서 태반과 배아를 연결하는 탯줄도 생긴다. 어머니의 혈액은 탯줄을 통해서 이동하게 되는데 혈액과 함께 영양물과 산소를 공급하는 동시에 이산화탄소와 배설물을 배출한다.

태반은 배아가 태아로 성장하여 출산까지 안전하게 살아갈 수 있는 편안하고 기능적인 집의 역할을 할뿐만 아니라 마치 필요한 것은 받아들이고 불필요한 것은 배출하거나 침투를 막는 필터의 역할을 한다.

만일 태반이 필터의 역할을 못하면 불필요하거나 유해한 요소의 침투를 막을 수 없게 된다. 한편, 태반의 발달은 어느 날 갑자기 완전한 상태로 이루어지는 것이 아니라 서서히 발달하는데, 4주 정도부터 발달이 시작되어 거의 10주 정도는 되어야 필터의 기능이 충분히 갖추어진 태반이 발달된다.

태반을 통한 불필요하거나 유해한 요소의 투과는 심각한 문제를 발생시킬 수 있다. 대표적인 유해한 요소로는 약물, 카페인, 알코올 등을 들 수 있다. 이런 유해요소들은 독성이나 자극성이 높기 때문에 아직 충분히 발달하지 못하여 필터의 기능이 부족한 태반을 그대로 투과할 가능성이 매우 높다. 게다가 임시 초기(3개월 이전)의 태아는 해독과 배설의 역할을 하는 간장과 신장이 충분히 발달되어 있지 못하기 때문에 유해요소에 의해 치명적인 손상을 입을 수도 있다.

임신초기인 배아기는 신체의 구조를 이루는 외배엽, 중배엽, 내배엽이 발달한다. 외배엽은 뇌, 척추, 피부 및 치아 중배엽은 근육, 뼈, 혈관 내배엽은 폐, 간, 소화기관의 발달과 관계된다. 따라서 이 시기에는 어느 시기보다도 유해요소에 대한 주의가 더욱 요구된다. 약물은 사지의 미발달, 뇌손상으로 인한 뇌성 마비, 시각 장애, 폐 손실, 언청이 등의 각종 기형의 원인을, 카페인은 유산을, 알코올은 신체성장 등에 악영향을 미치는 것으로 알려져 있다.

이상과 같이 임신초기의 배아기 및 태아기에 결함은 그 심각성이 크다. 한편 초산의 경우는 대개 결혼 직후가 되기 때문에 더욱 주의를 할 필요가 있다. 이미 임신한 사실도 모르고 집들이하면서 먹는 다량의 술도 문제가 될 수 있을 것이고, 임신사실을 알면서도 평소의 생활습관으로 각종 유해의 요소를 먹을 수도 있기 때문이다. 특히 감기에 걸려 대수롭지 않게 먹은 감기약은 태아에게 치명적인 손상을 입힐 수 있다는 것을 알아두어야 한다.

임산부는 우선 임신초기에 주의를 해야 이후 건강한 태아를 키워 갈 수 있고, 건강한 아기를 낳을 수 있다는 것도 명심해야 한다.

4. 태아는 듣기도 하고 소리도 낸다

수정으로부터 시작되는 생명은 점차 발달하여 3개월 이전에 대부분 생명의 기초를 형성한다. 특히, 신체의 기본구조를 형성하고, 생명을 보호하고 키워 가는 보금자리인 태반의 발달의 중요하다.

무엇보다도 초기의 발달은 계속되는 태아기 발달의 초석을 이루기 때문에 산모는 그 어느 때보다도 주의를 해야 한다. 이제 한 생명은 초기의 발달인 배아기를 지나 태아기에 접어들게 되는 데 태아기부터는 한 생명체를 넘어서 비로소 인간의 자태로 발달한다. 태아기는 인간이 가지는 모든 자태와 모습으로 발달해 가는 시기로써 보다 더 인간의 생명을 실감케 한다.

먼저 태아기의 특징을 알아보고, 그 중에서 태아가 듣기도 하고 소리도 낸다는 것에 대해 의미 있게 생각해 보자.

8주가 지나 12주가 되면 태아의 크기는 3인치 정도로 크며, 비로소 인간의 모습을 보이기 시작하고 눈썹과 손톱도 생기기 시작한다. 그리고 남녀의 성이 구별된다.

16주(4개월)가 되면 어머니는 태아의 움직임을 느낄 수 있으며, 태아의 사지, 머리, 내부기관들이 급격히 발달한다.

20주(5개월)가 되면 태아의 크기는 6인치 정도로 크며, 소리에 반응을 시작하고, 손과 발도 완성된다.

6개월이 되면 눈이 완상되고 혀에 맛 봉오리도 나타나며, 가늘게 소리도 내며 공기도 흡입할 수 있다.

7개월이면 태아가 생존능력의 획득에 들어가는 중요한 시기이다. 따라서 생존능력의 획득 때문에 비록 조산아로 태어나도 생존의 가능성이 크다.

7개월 이후 출산까지는 이제 모든 태내발달이 마무리되는 시기로써 근육이 발달하고 움직임도 적극적이다. 스스로의 힘을 키워 가는 시기로써 호흡, 삼키기, 빨기, 울기 등의 활동도 활발해지고 시각과 청각의 반응도 빈번해 진다.

태아기의 특징에서 5개월 이후부터 태아는 듣기도 하고 소리도 낼 수 있다고 하였는데 이에 대해 좀 더 알아보자.

5개월이 지나면서부터 태아는 세상의 소리를 들을 수 있다. 이에 관한 한 연구가 있다. 독일의 쟈노브라는 정신과의사는 어려서부터 큰소리에 과민한 반응을 보여 온 노이로제 환자인 한 청년을 치료하기 위하여 청년의 성장과정을 모두 조사하였으나 특별한 원인을 찾지 못하였다. 계속해서 쟈노브는 정신분석치료 방법인 최면술을 이용하여 청년을 태아기까지 유도하였으며, 청년은 태아기의 경험을 이야기하기에 이르렀다. 청년은 엄마 뱃속에서 매우 큰 폭음을 듣고 매우 놀랐었다고 말하였다.

한편 청년의 어머니에게 임신했을 때를 추적 질문한 결과 임신 7개월경에 공원을 산책하다가 총소리를 듣고 매우 놀랐었다는 사실도 알아내었다.

중국 주나라 문왕의 어머니인 태임(太任)이 행한 태교의 기록에 보면, 귀로는 음탕한 소리를 듣지 않으며, 입으로는 오만한 말을 하지 않으며 태교했다고 한다.

태아는 소리를 들을 수 있고, 그리고 작은 소리도 낼 수 있다. 아마도 좋은 소리를 들으면 행복한 미소를 짓거나 좋은 소리 반응을 했을 것이고, 싫은 소리를 들으면 신음이나 놀라는 소리를 했을 것이다.

이제 태아는 한 생명으로써 뿐만 아니라 인간의 모든 모습과 자태를 가지고 있으며, 말을 들을 수 있고, 말을 할 수 있는 한 인간으로 충분히 인정받아야 한다.

5. 조산아의 예방과 대책

수정 후 생명은 어머니의 뱃속에서 약 38주를 보내게 된다. 그러나 성질이 급한 어떤 생명은 여러 가지 이유로 38주를 기다리지 못하고 세상 밖으로 나오게 된다. 이렇게 태어나는 신생아를 조산아라고 한다. 조산아에 대한 정의를 좀 더 자세하게 말하면 37주 이내에 태어나거나 몸무게가 약 2.2kg 이하로 태어나는 신생아를 말한다.

조산아는 모든 출산의 10%를 차지한다. 우리나라인 경우 한해에 약 60만 명이 출생하는 것으로 보면 조산아가 무려 6만 명에 이른다는 통계가 나오게 된다. 문제는 조산아는 만삭아에 비해 질병이나 합병증이 많으며, 사망률도 높다는 것이다.

조산아에 대한 원인이나 치료가 완전히 밝혀진 것은 아니나 최근에는 조산아에 대한 인식의 변화가 바뀌고 관리기술도 발달하여 실질적으로 조산아의 생존율을 높이고 있을 뿐만 아니라 정상적인 성장과 발달을 꾀하고 있다.

지금부터 조산아의 특징, 조산아의 원인, 예방과 대책에 대해서 알아보자.

조산아는 신경통제가 완전하지 않으며, 근육도 약하고 혈관도 좁고, 질병에 대한 저항력이 현격히 떨어져 감염이 쉽게 된다. 그리고 빨기, 기침, 삼키기 등의 반사작용도 약하고 불규칙적이다. 따라서 기침이나 삼키기를 잘할 수 없기 때문에 음식이 공기의 통로를 막기 쉬워 매우 위험하다. 사망의 주원인도 호흡장애로 보고되고 있다. 특히, 조산아의 특징의 하나는 체온의 유지가 어렵다는 것이다. 따라서 너무 덥거나 너무 차게 하는 것은 위험하다.

한편, 조산의 원인이 완전히 밝혀진 것은 아니나 여러 임상 조사에 보고된 사항들은 다음과 같다.

첫째, 임신초기의 심한 다이어트나 고르지 못한 식사로 인한 영양 부족이다. 이를 뒷받침하는 증거로 식량부족의 시기인 2차 세계대전시에 조산율이 높았다는 것을 들 수 있다.

둘째, 임산부가 충분한 휴식을 취하지 못하고 과로한 경우이다. 비교적 노동의 양이 많은 직업여성이나 빈곤층의 여성에서 조산이 많다는 것과도 관계된다고 할 수 있다.

셋째, 자궁내의 감염이 원인이 되는데 이는 산모나 태아가 질병에 감염된 경우이다. 그밖에 흡연, 음주, 스트레스가 원인으로 지적되고 있다.

이러한 원인을 근거로 하여 조산의 예방과 대책에 대해서 알아보자.

첫째, 임산부는 가벼운 운동과 동시에 충분한 영양을 유지해야 한다.

둘째, 임산부는 충분한 수면과 휴식을 취해야 한다.

셋째, 임산부는 각종 질병에 걸리지 않도록 주의해야 하며, 질염이나 방광염 등에도 주의 및 치료를 서둘러 스트레스를 줄여야 한다.

넷째, 조산아는 가능한 모유를 꼭 먹어야 한다. 왜냐하면 조산아는 우유에는 없고 모유에만 있는 시스틴이라는 아미노산을 만들 능력이 없기 때문이다.

다섯째, 태아에 부정적인 영향을 미치는 흡연, 음주, 약물복용 등은 절대로 해서는 안 된다.

마지막으로 가장 중요한 것은 조산아에 대한 인식의 변화가 중요하다고 하겠다. 실제로 조산아인 경우, 여러 가지 이상행동을 가지고 태어나는 경우가 많고, 특히 사망률도 높은 것을 부인할 수는 없다. 그러나 최근에는 조산아에 대한 고도의 관리기술이 발달하여 높은 생존율은 물론 정상아로 성장케 하고 있다. 따라서 조산아에 대한 과거의 인식을 버리고 정성을 다하는 부모의 모습이 보일 때 반드시 정상아로 성장한다는 확신을 가질 필요가 있다. 통계에 의하면 25주 이상만 되도 50%의 생존율을 보이고 28주에서 29주인 경우도 90% 이상의 높은 생존율 가진다는 보고와 함께 32주 이상인 경우는 만삭아와 생존율에 있어서 차이가 없다. 그리고 체중의 경우도 1000g은 90% 생존율, 1500g 이상은 거의 생존하고 있다.

끝으로 아직은 보육기(인큐베이터) 사용이나 기타 관리비용이 너무 높기 때문에 비용의 저하와 함께 의료보험 혜택 등이 정책적으로 이루어지길 바란다.

6. 인간의 기억(기억의 과정과 감각기억)

어떻게 하면 나도 기억을 오래할 수 있을까? 라고 생각해본 적이 있을 것이다. 그리고 많은 사람들은 기억력을 마치 지능처럼 여겨 기억을 잘하는 사람을 보고 머리가 좋다고도 말한다. 그러나 지능과 기억과의 상관은 그리 크지 않다. 오히려 지능은 기억보다는 언어, 추리, 논리적 사고 등에 더 관계된다. 최근의 지능검사들은 기억요인을 측정의 대상에서 제외하고 있다.

한편, 지능이론에 빠져 기억을 너무 등한시하는 경향도 있는데, 암기를 요하는 교과를 등한시하는 경우가 이에 속한다. 그러나 필자의 생각으로는 기억도 중요한 인간특성으로 여설하고 싶다. 물론 단순 정보의 기억을 논리적으로 생각하는 것보다 중요하다고는 볼 수 없으나, 쉽게 기억할 수 있고 오래 기억할 수 있는 것이 나쁜 것은 결코 아니지 않는가?라는 생각이다. 단순 사실로 기억된 정보는 다음의 고차적인 인지행동에 필수적인 정보로 작용하기 때문이기도 하다.

그러면 기억은 어떤 과정을 거쳐서 기억되고, 어떻게 하면 더 잘 기억할 수 있는지를 알아보자.

기억의 과정에 관련된 이론으로 정보처리모형을 들 수 있다. 이 이론은 컴퓨터의 원리를 접목한 것으로 컴퓨터에 있어서 정보의 입력-정보의 조작 및 저장-출력의 과정과 유사하다.

이러한 원리를 인간의 기억과정에 적용해 보면, 감각기억-단기기억-장기기억-인출의 과정으로 볼 수 있다. 감각기억은 정보의 입력과정에서의 잔류이고, 단기기억은 현재적인 정보의 처리과정에서의 잔류이며, 장기기억은 언제든지 인출할 수 있는 정보의 영원한 저장소라고 할 수 있다.

먼저 감각기억에 대해서 알아보자. 감각기억은 앞에서 말한 것처럼 정보의 입력과정에서의 잔류 기능을 하는 것으로써 감각수용기라고도 한다. 감각기억은 정보가 우리의 모든 감각기관을 통해 들어와서 약 0.5~3초간 머무는 기억이다. 일단 어떤 정보이든 감각기억에 들어와야만이 다음의 단기기억, 더 나아가서 장기기억으로 옮겨질 수 있기 때문에 기억에서는 최초의 기억이자 가장 주요한 기억과정으로 말할 수 있다.

그러면 어떻게 하면 많은 정보를 감각기억으로 이동시킬 수 있는가? 이에 대한 답은 아주 간단하다. 내적으로는 감각기관을 발달시키고, 외적으로는 감각을 잘 할 수 있는 환경을 제공하는 것이다. 시각, 청각, 촉각, 미각, 후각 등을 발달시키는 것이 바로 감각기억을 잘하게 하는 방법의 하나가 될 수 있다.

따라서 신생아기, 영아기 때부터 감각을 발달시키기 위한 교육이 중요하다. 어린 시기에 무조건 외우게 하기보다는 감각기관을 발달시키는 것이 결과적으로 감각기억을 더 잘 할 수 있게 하는 것이라는 것을 알아둘 필요가 있다. 시력이나 청력의 점검 및 치료 등도 중요하다. 청력의 경우 신생아기 때 또는 그 이후라도 귀속의 특정 물질을 그냥 방치하는 경우가 있는데, 진찰 및 청력검사를 통해서 혹 이물질이 있다면 제거해 주면 되는 경우도 많다. 청력검사인 경우 양쪽 귀에 헤드폰을 쓰고 소리를 들었을 머리 위쪽에서 소리가 나는 것 같다면 정상이다.

그밖에 밝은 조명, 다양하고 정확한 소리 듣기, 다양한 사물을 직접 만져보는 경험, 직접 맛이나 냄새를 맡아보는 경험 등이 결과적으로 감각기억을 돕는 것이다.

다음의 기억은 단기기억인데 감각기억에서 단기기억으로의 이동은 반드시 주의를 기울인 정보만이 단기기억으로 이동하고, 주의를 기울이지 않은 것은 모두 상실된다.

7. 인간의 기억(주의와 단기기억)

기억의 기본 과정은 감각기억에서 단기기억으로 그 다음 장기기억으로 옮겨진다. 앞에서 최초의 기억인 감각기억의 중요성과 감각기억을 위한 감각기관의 발달을 강조하였다.

감각기억의 용량은 무제한이다. 그러나 감각기억의 무한한 모든 정보가 자동적으로 단기기억으로 옮겨지는 것은 아니다. 단지 선택적으로 주의를 기울인 정보만이 단기기억으로 옮겨지며, 주의를 기울이지 않은 정보는 모두 상실되고 만다. 수많은 정보 중에서 선택(주의)한 정보만이 단기기억으로 옮겨져 약 30초간 머물게 된다. 그 다음에 그 정보는 반복되거나 의미가 부여되어 장기기억으로 옮겨질 수 있다. 정보는 장기기억으로 저장됨으로써 비로소 안전한 기억으로 남게 되는 것이다. 그러므로 장기기억으로 되기 위한 전 과정 즉, 감각기억에서 단기기억으로의 정보이동은 필수적인 과정이다.

앞에서도 말했듯이 감각기억의 정보가 단기기억으로 옮겨지기 위해서는 반드시 그 정보에 주의(intention)를 기울여야 한다는 사실이다. 어떻게 하면 필요한 정보에 주의집중을 잘 할 수 있겠는가? 주의집중은 외부의 독특한 특징이나 남의 독특한 행동에 의해서 집중될 수도 있고, 내가 필요하다고 생각해서 몰두하여 집중할 수도 있다. 전자를 외적자극단서 집중방법이라 하고, 후자를 자기(학습자)생성 집중방법이라고 한다.

외적자극단서 집중방법은 자신에 의해서 먼저 주의를 하는 것이 아니라 외부로부터의 자극이 단서가 되어 수동적으로 주의 집중되는 것이다. 예를 들어 진한 글씨, 굵은 글씨, 색깔 있는 글씨, 밑줄 친 글씨, 당구장 표시 등은 다른 평범한 정보에 비해 쉽게 주의를 끄는 외적자극단서로 작용한다. 시험문제에 '~ 틀린 것은?'이라는 표시는 대단히 중요하다. 성격이 급한 아동은 앞의 문구만 보고 재빠르게 옳은 것을 골라 답을 하고 나오는 경우가 있다. 막상 시험이 끝난 후 그 아동이 "뭐야 틀린 것을 고르는 거였구나, 아는 건데..."라는 반응을 보였다면 좀 애석한 마음이 들 것이다. 물론 1차적인 문제는 문제를 끝까지 신중하게 읽지 않은 그 아동에게도 있지만, 시험출제자에게도 다소의 책임이 있다. 왜냐하면 사람들은 대개 문장을 긍정표현으로 읽는 경향이 있기 때문에, '틀린'이라는 부정표현을 '틀린'(진한 밑줄 표시)이라고 눈에 잘 띠게 표시했다면 그 아동은 실수하지 않았을지도 모르기 때문이다.

따라서 외적자극단서 집중방법은 주의가 산만하거나, 충동적인 성격의 아동에게 효과적이며, 대체로 스스로 중요한 것을 지적하거나 판단하기 어려운 어린 연령이나 학습능력이 낮은 아동에게 효과적으로 사용할 수 있는 방법이라고 할 수 있다.

두 번째 방법인 자기(학습자)생성 집중방법은 자기가 스스로 중요한 것을 찾거나 지적하면서 주의 집중하는 것이다. 예를 들어 과제에 몰두하여 스스로 과제해결 방법을 찾거나, 예습을 함에 있어서 스스로 중요한 것에 밑줄을 긋거나 요약 또는 문제점을 찾아내는 등의 행동을 들 수 있다. 실제로 자신이 예습하여 지적된 사실은 본 학습에서 진짜로 학습될 수 있다. 자신이 중요하다고 생각했던 것이 본 학습에서 사실로 인정되면 쉽게 장기기억으로 저장되며, 그리고 예습에서 문제점으로 지적됐던 것은 본 학습에서 깊이 있는 논의나 비판적 학습의 요소로 작용한다. 따라서 예습은 자기생성 주의집중을 훈련하는 좋은 방법이다. 이 방법은 주의집중에 있어서 외적자극단서 집중방법보다 더 효과적이며 대체로 연령이 많거나 학습능력이 높은 아동에게 효과적인 방법이라 할 수 있다.

8. 인간의 기억(장기기억과 기억술)

인간의 기억과정에서 장기기억과 기억술에 대해서 알아보자. 주의를 기울인 정보만이 단기기억으로 옮겨지고, 그 정보가 장기기억으로 옮겨지지 않으면 모두 상실되고 만다. 단기기억으로 옮겨진 정보가 장기기억으로 옮겨지기 위해서는 정보에 대한 반복 연습이나 의미화의 과정을 거쳐야 한다. 여기서 효과적인 반복 연습이나 의미화 과정 등이 기억술인 것이다.

우리들의 가장 큰 관심사는 어떻게 기억하는 것이 가장 효과적이며, 더 나아가 인출을 어떻게 용이하게 할 것인가?에 있을 것이다.

기억술(방법)은 헤아릴 수 없을 만큼 많다. 이는 사람들이 오래 전부터 기억에 관심을 갖고, 효과적인 방법을 탐색해 왔다는 증거이다. 대표적인 몇 가지 기억술을 살펴보자

첫째, 시연(연습)을 통해서 암기하는 방식이다. 이 방법은 가장 초보적인 방법으로써 반복적으로 외우거나 연습하여 기억하는 방법이다. 한편, 우리는 살아가면서 보고, 듣고, 쓰고, 움직이면서 많은 정보들을 반복하면서 자동적으로 기억하고 있다. 우리가 일상에서 쉽게 사용하고 있는 이름, 지명, 단어 등은 저절로 알아진 것이라기보다는 의식적으로 반복해서 외우고 기억하고 있었던 것들이다. 그러나 많은 사람들은 반복 연습의 방법이 무조건 좋지 않은 방법으로 잘못 생각하고 있다. 물론 의미화를 할 수 있는 정보조차도 무조건 반복 연습하려는 것은 비효과적인 방법이지만 사실적인 지식이나 정보를 기억하는 데에는 좋은 방법이다 그리고 단순히 반복하는 것보다는 소리를 내거나 밑줄

을 긋고, 요약 정리하는 등의 행동을 겸비하면 더욱 효과적이다. 즉, 시각, 청각, 주의, 구조 등이 보조되어 시연을 용이하게 한다.

둘째, 정보를 절편하여 기억한다. 정보의 양이 한번 너무 많이 제시되면 지각에 어려움을 갖거나 정보간의 간섭으로 기억을 방해하기 쉽다. 특히, 무의미 정보인 경우는 더욱 그렇다. 따라서 적당량으로 나누어 각각을 기억하여 연결하는 것이 효과적일 수 있다. 단기(작동)기억인 경우 한 번에 기억되는 용량은 ±5~7개의 요소라고 알려져 있다. 전화번호, 자동차번호 등이 기호나 대시(−)등으로 나누어 있고 그 숫자도 7개 정도인 것도 이러한 원리가 내포되어 있는 것이다.

셋째, 정보를 의미화시켜 기억한다. 정보가 사실적이거나 무의미한 경우는 단순히 반복하여 기억하는 것이 효과적이겠지만, 의미화가 가능한 정보는 의미화함으로써 기억 및 인출을 용이하게 할 수 있다. 예를 들어 '815315419516625629'라는 정보를 기억할 때 너무 길어서 뒤쪽으로 가면서 회상에 어려움을 갖는다. 그러나 여기에 의미화를 부여하면 아주 쉽게 기억 및 인출할 수 있다. '8 · 15광복절, 3 · 15부정선거, 4 · 19혁명, 5 · 16 군사 쿠테타, 6 · 25전쟁, 6 · 29민주화선언'이라는 의미화가 그것이다.

정보를 의미화하는 대표적인 방법으로 정교화 방법이 있다. 위의 예도 일종의 정교화 기법이다. 정교화란 새로운 정보에 무언가를 부가하거나 자신이 알고 있는 것과 관련시켜 그 정보를 확장시키고 의미화하는 과정이다. 정교화의 가장 큰 이점은 자신의 사전지식과 연결되기 때문에 저장이 수월하다는데 있다. 전화번호 241-4989를 기억할 때 '이사일은 사고파는 날'이라는 문장을 부가했다면 이 문장을 통해 전화번호를 정교화한 것이다.

그밖에도 정교화를 통한 여러 기억술이 있다.

① 두문자어법: 빨주노초파남보, 태정태세문단세

② 팩워드법: 쉽게 시각화할 수 있는 구체적 사물과 기억할 내용을

연결하는 법(운율을 더할 수도 있다), 도는 도토리, 레는 레몬주스, 미는 미나리 등

③ 장소법: 잘 알고 있는 특정장소와 기억할 내용을 연결하는 법(자기 방, 자기 책상, 냉장고의 냉동실부터 야채실까지)

④ 심상법: 기억하고자 하는 정보를 기억할 때 관련된 그림(象)을 연상한다. 예를 들어 강아지, 코끼리, 고양이를 기억할 때 '자전거를 타는 강아지', '과자를 먹는 코끼리', '생선을 훔치는 고양이' 등의 장면을 마음 속에 그리면서 기억하는 것이다.

9. 인간의 기억(기억의 인출 방법)

감각기억과 단기기억은 기억의 유지가 일시적이지만 장기기억은 기억의 유지나 용량에 있어서 무제한이다. 정보가 장기기억화되어야 비로소 완성된 기억이라고 할 수 있다. 그러나 장기 기억된 모든 정보가 반드시 그 때 그 때 필요 시에 인출되는(생각나는) 것은 아니다. 그러므로 정보를 장기기억으로 옮기는 것도 중요하지만 더 중요한 것은 장기기억 속에 있는 정보를 실제로 필요할 때 써먹을 수 있는 인출이다.

오랜만에 만난 친구를 보고 이름이 생각이 안나 손을 잡은 채 '음 음 음...' 하면서 웃기만 한 경험을 해본 적이 있는지 모르겠다. 돌아서 가면서 아무리 이름을 생각해 내려고 해도 도무지 생각이 안나 급기야는 머리를 치면서 내 머리가 나쁜가를 의심하기도 한다. 계속해서 길은 걷지만 마음은 아주 개운치 못하다. 그런데 갑자기 이름이 생각났다. 그 이름은 바로 '영규'였다. 어떻게 갑자기 생각이 났을까? 특별한 것은 없었으며, 다만 '빵집' 앞을 지났을 뿐이다. 10년 전에 빵집에서 영규와 아주 심하게 다투면서 빵을

집어던지던 생각이 떠오른 것이다. 바로 빵집과 영규는 서로를 연상케 하는 맥락으로 이어져 있었기 때문이다.

이 예는 일단 장기기억으로 옮겨진 정보는 뇌세포가 손상되거나 죽기 전에는 상실되지 않는다는 증거를 보여주고 있다. 즉, '영규'라는 정보는 상실된 것이 아니고, 다만 정보의 인출에 어려움을 가졌을 뿐이라고 할 수 있다.

위의 예는 물리적 맥락으로 인출에 성공한 것이다. 이와 비슷하게 시험을 볼 때, 다른 낯선 장소에서 시험 보는 것보다는 평소에 공부했던 자리에서 시험을 보면 자리와 공부했던 내용이 근접 연상되어 공부했던 정보가 쉽게 인출되는 것도 물리적 맥락의 효과다. 이런 효과와 관련된 예를 한 가지 더 들어 보자. 다음에 혹 결혼기념일을 맞이하여 연애할 때 여행 갔던 곳을 추억여행으로 가게 된다면 반드시 서로가 좋았던 추억이 있던 곳을 다시 여행해야지 좋지 않았던 추억이 있던 곳을 가는 것은 가능하면 삼가는 것이 좋다. 왜냐하면 안 좋은 추억이 있던 곳을 가게 되면 그 당시 안 좋았던 기억들이 저절로 되살아나(그 때 헤어졌어야 하는데라는 그냥 농담처럼 내 뱉은 말 한 마디는 서로가 꼬리에 꼬리를 물고 걷잡을 수 없게 된다...) 또 싸우게 되기 쉽고 급기야는 따로 따로 돌아오게 된다.

또 다른 맥락의 효과로는 정서적 맥락, 신체적 맥락도 있다. 사람들은 싸울 때만큼이나 말을 잘한다면 모두 웅변가나 연설가가 되었을 지도 모른다. 싸울 때는 서로의 나쁜 감정에 관련된 정보가 거의 자동적으로 막 인출된다. 싸움거리가 계속 생성되기 때문에 말을 계속하게 되고 싸움도 계속되는 것이다. 이러한 정서의 맥락을 인정한다면 좋은 분위기에서는 그 분위기와 정서를 따라야지 혼자만 심각하면 따돌림의 대상이 될 수 있다는 것도 무리가 아니다. 그리고 인출에 영향을 미치는 것으로 신체적 맥락의 효과도 있다. 즉, 자신의 몸 상태에 따라서 정보의 인출에 영향을 미친다는 것이다. 아플 때는 과거에 아팠을 때의 기억이 쉽게 인출되어 여러 가지 대처를 하게 된다. 재미있는 예를 하나 들자면, 친구와 함께 술을 먹으면서 친구는 분명히 돈을 꿔 준다고 약속했다. 그러나 다음날 그런 적이 없다고 발뺌을 한다. 이는 일부러 생각이 안 나는 척할 수도 있지만 술 먹은 몸 상태와 술이 깨어있는 몸 상태가 다르기 때문에 생각이 안 날지도 모른다. 다시 술자리를 만들어 술을 먹이면 어제 약속한 것이 생각나 그렇다고 할지도 모른다. 왜냐하면 지난 번 술 먹을 때와 몸 상태가 같아진 신체적 맥락 때문에 약속한 말이 인출되기 때문이다. 이 때 즉석에서 돈을 꾸거나 증인을 확보하면 돈을 꿀 수 있는 것이다.

10. 적절한 수면은 뇌 활동을 증가시킨다

잠을 자고자 하는 욕구는 오랫동안 자지 못할수록 더욱 강렬해진다. 잠뿐만 아니라 갈증, 배설과 같은 생리적인 욕구는 어느 정도까지는 참을 수 있으나 참기 어려운 상황이 되면 신체적 정신적으로 고통을 겪게 된다. 어쩌면 잠을 재우지 않으면서 고문하는 것이야말로 가장 비인간적인 행위라고 할 수 있을 것이다.

결론부터 말하자면 사람은 적절한 수면을 할 때 가장 정상적인 행동과 사고를 할 수 있다는 것이다. 최근의 연구에 의하면 성인인 경우 약 7시간을 적절한 수면 시간으로 보고 있다.

수면에 대해서 좀 더 구체적으로 알아보자. 수면 중에는 모든 것이 중지되어 있는 것이 아니다. 특히, 뇌의 활동은 계속된다. 수면 중에 뇌파를 측정한 결과, 주파수가 8-12Hz로 나타났는데 이는 완전히 깨어 있을 때의 주파수가 15-20Hz인 것에 비추어 보면 비교적 뇌의 활동은 활발하다고 할 수 있다.

한편 수면에는 단계에 따라 수면의 형태가 다르다. 졸음이라 할 수 있는 1단계 수면에서부터 2, 3, 4단계의 깊은 잠으로 이어지고, 마지막 5단계인 REM수면이 있다.

1단계 수면인 졸음은 약 10분 정도 지속되다가 깊은 잠의 초기인 2단계로 들어가게 된다. 그런데 이때 깨우면 대부분 잠을 안 잤다고 반응한다. 따라서 졸거나 막 잠에 든 사람은 쉽게 깨게 된다. 그러나 쉽게 깨지 않으면 이미 3, 4단계 이상의 깊은 잠에 들어 있는 것이다. 물론 피로나 전날의 수면정도에 따라서 차이는 있을 것이다.

3, 4단계인 깊은 잠을 지나면 REM수면에 들어가게 된다. REM수면은 Rapid Eyes Movement의 약어로써 눈동자가 빠르게 움직인다는 뜻을 지닌 용어이다. 눈동자를 움직이면서 잠자고 있는 동생이나 누군가를 지켜 본적이 있을 것이다. 혹시 자는 척하고 있는 것은 아닐까라는 의문을 가져 본적은 없는지. 지금 수면자는 깨어 있는 것이 아니라 REM 수면 중에 있는 것이다. 그런데 재미있는 것은 이 때 잠을 깨우면 대개 꿈을 꾼 것 같다고 반응한다. 성인인 경우 REM 수면은 약 20~30분간 지속되다가 다시 3, 4단계 잠으로 옮겨지기를 반복하여 하룻밤 사이에 약 4회 정도 반복된다. 그리고 수면의 초기에는 3, 4단계의 시간이 더 길지만 수면의 후반으로 갈수록 REM수면의 시간이 길어진다. 아마도 대개 아침에 잠을 깨기 바로 직전에 꿈을 꾸는 것 같은 것도 이런 연유에서인 것 같다.

REM수면은 전체수면의 약 25%를 차지한다. 그러나 신생아인 경우는 약 50%가 REM수면을 한다. 신생아의 하루 수면시간이 20시간 이상임을 볼 때 신생아는 하루에 10시간 이상을 꿈을 꾸는 것은 아닐까? 다만 꿈을 생각하지 못할 뿐인지도 모른다. 그리고 모든 포유동물에서 REM수면의 현상이 관찰되는 것으로 보면 모든 포유동물들도 꿈을 꾸는가 보다.

REM수면에 대해서 재미있는 실험이 있다. REM수면을 많이 한 쥐는

REM수면을 적게 한 쥐보다 과제수행에서 우수했고, 머리를 써야 하는 과제수행을 많이 한 쥐가 과제를 수행하지 않은 쥐보다 REM수면을 더 많이 했다는 것이다. 이는 REM수면과 과제수행과는 높은 상관이 있다는 것을 의미한다. 그래서 과학자들은 REM수면이 학습을 촉진시키는 원인이 되고 있는 것은 아닌지를 밝히기 위해서 계속 연구하고 있다.

그렇다면 REM수면을 할 때 깨우면 다음 날의 두뇌 활동을 방해하는 것은 아닐까라는 재미있는 생각을 할 수도 있다. 그리고 잠은 충분하게 자는 것이 좋다. 실험에서 4단계의 깊은 잠을 방해했을 때 다음날 평소보다 잠을 더 많이 잤다. 이는 일정량의 깊은 잠은 생리적으로 필요하다는 것을 시사하고 있다. 무엇보다도 규칙적인 수면 습관이 중요하다 하겠다.

11. 스트레스 대처 방안

오늘날 다양성, 전문성을 요구하는 고도 정보산업사회는 이에 대한 개인의 적응을 요구하고 있다. 한편, 개인은 적응을 위해서 치열한 경쟁과 갈등을 이겨내야 하고, 경쟁과 갈등이라는 상황 속에서 심한 스트레스를 경험하게 된다. 학생들의 대학 진학, 학업활동, 친구나 이성교제, 학교생활에 대한 적응, 그리고 일반인들은 직장에서의 과중한 업무, 승진, 명퇴, 실직 심지어는 가정의 불화와 불투명한 자신의 미래 등등 모두에서 정도의 차이는 있으나 각 개인의 심리 속에는 스트레스의 발생 원인들이 항상 내재하고 있다.

스트레스는 그 정도가 크든 작든 간에 항상 개인 속에 내재하므로 작은 스트레스는 오히려 그 자체를 인정하고 수용하는 것이 정신건강에 도움이 된다. 즉, 인간은 항상 생각하면서 살기 때문에 다소의 심리적 갈등은 자신을 자극하는 의미에서 오히려 자기 발전에 도움이 될 수도 있다는 논리이다. 그러나 과중한 스트레스는 일상생활을 저해하고 정신건강을 악화시키기 때문에 과중한 스트레스에 대한 대처 방안을 강구해야 한다. 필자가 생각하는 몇 가지의 스트레스 대처 방안을 제시해 보면 다음과 같다.

첫째, 고정된 내부 규칙이나 비합리적인 사고를 변화시킨다. 나는 '꼭', '잘', '항상', '반드시' 등의 사고를 현실적인 상황에 비추어 객관적인 규칙으로 사고방식을 변화시키거나 완화시킴으로써 현실에 어느 정도 순응하면서 적응할 수 있다.

둘째, 과도한 일은 일의 양을 점검하여 자신이 능력이나, 시간, 여건, 등에 비추어 적절량으로 감소시킨다. 그리고 여러 가지 일을 수행해야 할 때는 일의 중요도를 순서화하여 중요도가 높은 일부터 해결해 나가야 한다. 중요한 일이 해결되면 그 만큼 커다란 스트레스가 해소되기 때문이다. 중요도가 낮은 일은 비록 아직 미해결로 남아 있을지라도 커다란 스트레스 원인으로 작용하지 않는다.

셋째, 현재의 일은 가능한 한 종결지운 후, 다음 단계의 일을 수행해 간다. 미처 해결하지 않은 채 다음 일을 하게 되면 전후의 해결되지 않은 일이 중첩되고 누적되어 스트레스가 그 만큼 가중되기 쉽기 때문이다.

넷째, 결정은 그 때 그 때 내리는 것이 바람직하다. 결정에 대한 두려움 때문에 결정을 미루게 되면 일을 수행하지 못할 뿐만 아니라 그로 인한 일의 미해결로 스트레스가 가중되는 원인이 된다. 그러므로 모든 결정에는 좋은 점과 나쁜 점을 가질 수 있다는 것을 사실로 받아들이고, 결정을 미루지 않는 습관을 가져야 한다.

다섯째, 적응해야 할 낯선 상황에 대한 두려움이나 스트레스는 일상생활에서의 평소 경험을 그대로 재연하는 방법을 사용한다. 예를 들어, 낯선 곳에서 발표를 해야 할 경우 평소 가장 마음에 드는 옷을 입는 다든지 발표문에 토를 달아 두어 평상시 말하는 것처럼 발표하는 것도 하나의 방법이다.

여섯째, 스트레스는 해결하기 어려운 것으로 보기보다는 해결될 수 있다는 자신감을 갖고 하나의 성장을 위한 도전으로 받아들인다. 결국, 스트레스 극복을 통해서 자신의 잠재력을 계발하고 성취감을 경험할 수 있다.

결론적으로 스트레스는 누구에게나 언제나 항상 존재하기 때문에 사소한 것은 심각한 스트레스로 보지 말고 생활 속에서 자연적으로 해소된다는 생각을 갖는 것이 마음을 편하게 해줄 것이고, 한편 문제로서의 과중한 스트레스도 합리적인 사고, 여건의 개선, 습관의 변화 등을 통해서 충분히 해결될 수 있는 것으로 보는 동시에 그 해결과정이 자신의 성장과 발전이라는 긍정적 태도를 갖는 것이 스트레스를 대처하는 최선의 방법이라고 하겠다.

12. 경쟁 상대와의 갈등해소 방법

우리는 살아가면서 공동의 목표를 추구하기 위해 서로 협동하기도 하지만, 의견이나 목표가 상이하여 갈등하기도 하고, 우위를 쟁취하려고 경쟁하기도 한다.

그런데 특이한 현상은 대부분 사람들이 협동보다는 경쟁을 더 선호한다는 것이다. 경쟁을 더 선호하는 이유는 무엇일까? 경쟁적 상황을 선호하는 사람은 대부분 자신의 경쟁적 선호성을 먼저 인정하지 않고, 상대가 경쟁적이기 때문에 자신의 경쟁적 선택이 필연적인 것이라고 합리화한다는 것이다. 이는 협동적인 성향의 사람은 상대방을 협동적이라고 보고 협동적 전략을 선택한다는 원리와 같다. 그러므로 경쟁적 선호성을 지닌 사람은 그 경쟁성이 자신으로부터 시작된다는 것을 깨닫지 못하는 이상 계속해서 경쟁적 상황을 만들어 갈 수밖에 없다. 경쟁적 선호성은 근본적으로 상대방을 믿지 못하는 것에서 비롯되며, 결과적으로 상대와의 관계를 적대적으로 만들뿐이다.

경쟁적 상황은 개인 간, 집단 간, 조직 간, 심지어는 국가 간의 여러 가지 사안에 대한 갈등으로부터 발생한다. 한편, 양자 간의 갈등이 해소되면 최초의 상황보다 발전적인 상황으로 바뀌는 경우가 많다. 경쟁의 갈등이 해소되면 오히려 현 수준의 안정적 상태를 유지시키는 것보다도 발전적 상황을 이끌어 낼 수 있다는 이득이 있다. 그러나 경쟁의 갈등해소가 잘못되거나 너무 지연되면, 오히려 서로의 경쟁적 갈등은 더 심화될 뿐만 아니라 더 적대적인 관계가 된다. 그러므로 중요한 것은 경쟁적 갈등을 해소할 수 있는 방법을 반드시 찾아야 한다는 것이다. 더욱이 그 해소방법의 탐구는 양자가 함께 찾으려는 노력이 있을 때만이 가능하다는 것이다. 다시 말하면, 경쟁적 갈등해소를 위해서는 양자의 만남과 대화가 필수적인 조건이라고 할 수 있다.

그러면 서로간의 경쟁적 관계 이면에 있는 갈등을 어떻게 해소할 수 있는지에 대한 필자의 몇 가지 생각을 제시해 보기로 하겠다.

첫째, 양자 간의 공동목표를 설정하는 것이다. 공동목표를 가지게 되면 우선은 다소나마 서로의 적대감과 긴장이 완화된다. 예를 들어, 부산아시안게임에서 남북이 보여준 '우리는 하나'라는 슬로건은 통일이라는 공동의 목표를 의미한다. 공동목표는 공동적이며 상호적인 행동을 유발시켜 점진적으로 경쟁이나 적대적 관계에서 협동적 관계로의 개선을 이끈다.

둘째, 상호간의 양보는 협동을 증가시킨다. 한쪽에서 양보를 했을 때, 상대방에서 그와 유사한 수준의 양보를 하게 되면 서로가 협동적이 된다. 한편, 양보를 언제하며, 양보를 얼마만큼 할 것이냐의 양보 시점과 크기는 협동을 유도하는 기준이 된다는 것을 알아야 한다. 양보를 했을 때, 상대방의 양보 시점이 너무 늦거나 또는 상대방의 양보 수준에 훨씬 못 미치게 되면 협동을 증가시키기는커녕 오히려 그 이전보다도 더 심한 적대적 관계가 된다.

셋째, 대화를 계속해야 한다. 적대감이 심하면 양자간의 원만한 의사소통이 어렵다. 그래서 서로가 대화를 회피하는 경우가 많다. 그러나 대화를 하지 않으면 서로의 의심, 갈등, 적대, 그리고 경쟁만이 더 심화될 뿐이다. 어렵지만 서로의 갈등에 대해 계속해서 대화를 한다면, 적대와 경쟁이 결코 서로에게 도움이 되지 않는다는 사실을 이해하게 되며, 그 상호의 이해를 토대로 합리적인 해결방안을 모색할 수 있을 것이다. 그리고 대화는 허심탄회하고 정직하게 해야 한다.

다시 한 번 강조하는 바, 경쟁 상대간의 갈등해소 방법 중 중요한 한 가지는 서로간의 허심탄회하고 정직한 대화이다.

13. 대인관계에 필요한 것은 무엇인가?

무엇이 사람들을 서로 끌리게 하는지를 묻기 전에 당신은 상대가 친절하고, 이해성이 있고, 좋은 성격을 가지고 있으며, 나를 좋아하는 사람이라면 벌써 친구나 애인이 되어 있지는 않은지를 확인해 보라. 바로 이러한 것들이 좋은 대인관계 형성의 조건들이 된다. 좀 더 학문적으로 대인관계 형성의 요소들을 살펴보자.

첫째, 근접성이다. 가까이 있어 자주 보게 되면 서로 잘 알 수 있고, 서로 도움을 주고받을 가능성이 높아져 친구나 애인이 되기 쉽다. 실제로 애인이나 결혼상대를 학교, 이웃, 직장에서 더 많이 만나게 되는 이유도 그렇다. 자주 만나는 사람에게 끌리게 되고 호감을 갖게 된다는 원리이다.

둘째, 외적 매력이다. 이는 반드시 미남미녀의 매력 그 자체라기보다는 마음적으로 끌리는 매력이나 좋은 인상일수록 친밀감을 불러일으키고 후광효과를 가진다는 것이다. 후광효과란 인상이 좋으면 성격 등의 여러 다른 특성도 좋을 것이라는 일반화경향을 말한다. 실제로 많은 사람들은 좋은 인상이나 매력의 소유자는 친절하고, 지적이고, 다정하고, 재치 있고, 사회성도 높을 것이라고 생각한다. 그러므로 단정한 용모와 웃는 얼굴의 좋은 인상을 보여주는 것은 상대의 마음을 끄는 하나의 요인으로 작용한다고 할 수 있다.

셋째, 능력과 성격의 조화이다. 이왕이면 능력있는 사람에게 끌리게 된다. 그런데 재미있는 것은 능력만 있는 사람보다는 능력도 있으면서 어수선한 사람에게 더 끌린다는 것이다. 사람들은 같은 능력의 소유자라면 인간적인 사람을 더 선호한다. 그리고 긍정적인 성격을 가진 사람들을 더 좋아한다. 상대가 정직하고, 솔직하게, 그리고 성실하면서 다정하게 대해오면 우리는 벌써 상대의 마음에 이입되고 친근함을 느끼고 있다.

넷째, 유사성이다. 사람들은 대개 자기와 비슷한 처지나 위치에 있는 사람들끼리 잘 어울린다. 친한 친구일수록 여러 가지 상황에 대해서 비슷한 가치와 태도를 보이고, 성격도 비슷한 것을 발견할 수 있다. 왜 비슷한 사람끼리 좋아하는가? 사람들은 자신을 올바른 사람이라고 생각한다. 그래서 자기와 비슷한 사람을 당연히 올바른 사람으로 보는 것이다.

다섯째, 자기개방이다. 자기를 솔직하게 열어 보이는 것은 상대에게 가깝다는 것을 보이는 행동이다. 그렇게 하면 상대도 곧 가까이 다가오는 행동을 취하게 된다. 어느 정도 예견하는 친구의 문제나 고민을 덜어주고 싶을 때, 고민이 뭐니? 왜 그러니?라는 식으로 물으면 오히려 친구는 움츠리거나 말하지 않으려 한다. 좋지 않은 것을 말하기 싫은 것은 당연하기 때문이다. 이때는 그와 유사한 상황의 나의 고민거리를 먼저 털어 놓음으로써 친구의 고민거리를 유도할 수 있다. 즉, 친구도 나의 고민거리를 들으면서 자연스럽게 자기의 고민거리를 말하게 된다는 것이다. 효과적인 자기개방을 위해서는 운동이나 공부 등을 같이하면서 자신의 의견을 편안하게 보이는 과정이 중요하다. 즉, 친밀감과 신뢰를 바탕으로 하는 자기개방이어야 한다는 것이다. 적절한 자기개방은 결과적으로 상호 호혜적이 되지만 일방적이거나 지나친 자기개방은 의혹을 줄 수도 있다는 것도 염두에 두어야 한다. 그리고 남자들은 활동을 중심으로 하는 자기개방에서 더 친하게 되고, 여자들은 감정과 신뢰감을 바탕으로 하는 자기개방에서 더 친해진다는 것도 알아두자.

제 5 장

자녀 교육을 위한 몇 가지 교육 주제

1. 교육의 성패는 정확한 가치 판단에 달려 있다
2. 전인교육의 방향
3. 교육이 계획적이어야 하는 이유와 그 과정
4. 좋은 교수방법은 개별화 교수다
5. 학교에서의 청소년 성교육
6. 학교폭력 예방을 위한 가정, 학교, 사회의 역할
7. 진로교육의 필요성과 진로선택의 기본 과정
8. 진로발달의 특성과 교육방안

자녀 교육을 위한 몇 가지 교육 주제

1. 교육의 성패는 정확한 가치 판단에 달려 있다

우리는 그 어려운 교육을 너무 쉽게 듣고 말하곤 한다. 어떤 때는 교육을 순수하고 필수적인 것처럼 찬양하고, 또 어떤 때는 청소년 문제라도 사회문제로 불거져 나오면 그것은 교육에 문제가 있어서 그렇다고 너도나도 한 소리씩 해대는 것을 아주 당연한 것처럼 받아들이고 있다. 그러나 안타까운 것은 교육이 정말로 무엇인지도 모르는 채 막연히 순수하고, 본질적인 마음 깊숙이 있는 어떤 느낌처럼 심상으로 떠올려 너무 쉽게 해석하고 있다는 것이다. 심지어는 어른들의 경험으로 말하는 교육은 다 옳은 것처럼 거침없이 말하고 있는 것도 마찬가지다.

우선, 결론부터 말하자면 교육은 분명히 바람직한 가치를 내포하고 있을 때 그 생명력을 발휘하며 그것의 함축적인 의미를 지니고 있는 것이다.

그러면 교육은 왜 가치를 담고 있어야 하며, 그 가치는 어디서 찾을 수 있단 말인가? 우리는 가르치는 것, 또 그 가르침을 배우는 것 같이 너무 쉽게 교육을 말한다. 예를 들어보자. 어느 사기 조직에서 몇 날 몇 시 어디에서 '남을 교묘하게 속이는 특별 교육'이 있어 집합할 것을 공고했다고 하자. 그 공고의 목적은 남을 교묘하게 속이는 기술을 '가르치고', '학습하는'데 있다. 과연 그러한 행위가 바람직한 가치를 내포하고 있는가? 그 조직원들은 가치 있다고 억지를 부릴 지도 모른다. 그러나 그것이 바람직하고 가치 있는 것이라고 하는 사람은 하나도 없을 것이다. 그것을 굳이 말한다면 가치를 크게 따지지 않고 소기의 목적만을 달성하고자 하는 훈련이니 학습이라는 말이 어울릴 것이다.

또한 교육은 결과보다 과정이 더 중요하다는 신념을 가져야 한다. 물론 결과도 중요하지만 그것을 위하여 교육의 과정에서 수단과 방법(과정)을 가리지 않는 것은 마치 서커스단에서 돈을 벌기 위하여 가혹한 전기장치나 채찍으로 곰이 춤을 추게(결과) 하는 것과 별반 차이가 없다. 자칫 교육을 하려다가 곰을 춤추게 하는 것 같은 훈련에 그칠 수도 있다는 것을 명심해야 한다. 따라서 인간을 대상으로 하는 교육은 그 과정이 정말로 바람직하고 가치 있을 때 진정한 교육의 결과를 말할 수 있는 것이다. 교육은 바로 방법에 있어서도 가치 있는 것이어야 한다는 것이다. 수단과 방법을 가리지 않고 그저 높은 성적과 대학 진학만 하면 된다는 식도 마찬가지라 할 수 있다. 이쯤 되면 교육은 그 결과뿐만 아니라 과정에서도 가치가 있어야 하며 바람직한 것이어야 한다는 것에 이의를 제기할 사람은 없을 것이다.

그러므로 교육을 말하기 전에 먼저 교육의 상황이나 문제에 대한 가치를 충분히 심사숙고한 연후에 논해야 할 것이다. 또한 교육을 이끌어갈 교육자나 부모 그리고 성인들은 항상 가치와 바람직성을 따져 보고 교육에 임해야 할 것이다. 한편 숙명적으로 받아들여야 하는 것은 그 가치나 바람직함을 판단해야 하는 사람들이 바로 교육을 이끌어 가야 할 우리 성인들이라는 것이다. 만일 그 판단이 정확하지 못하다면 그로 인해 이루어지는 교육의 과정과 결과는 불 보듯 뻔한 일이다.

교육의 성패는 정확한 가치판단에 달려 있다 하겠다.

2. 전인교육의 방향

가장 이상적인 교육은 전인교육이다. 전인교육은 지적인 인간, 인격적인 인간, 튼튼하고 건강한 인간을 기르는 것이다. 이 중 어느 것이 더 중요하다고 할 수 없다. 다시 말해서 많은 것을 지적으로 판단하고, 좋은 인성을 갖추고, 튼튼한 몸을 가꾸는 것 모두가 저울질할 수 없을 정도로 똑같이 중요하다고 할 수 있다. 그럼에도 불구하고 우리의 교육에서는 전인적이고 조화로운 인간을 길러내는 것 같지만은 않은 느낌이 든다. 이 글을 읽고 있는 독자들은 어떤 생각을 가지고 있는지 묻고 싶은 심정이다. 어떤 분이 말씀하기를 '우리 교육의 문제는 너무 지적 교육 중심이다'라고 했던 것이 생각난다. 이 말은 상대적으로 정의적 교육이나 운동기능습득을 위한 교육은 등한시되고 있다고 할 수 있다. 이는 충분히 인정할 수 있는 지적이라고 생각된다. 그 원인의 하나는 입시제도와도 무관하지 않을 것이다.

그러나 '우리 교육이 지적 교육 중심'이라는 표현에 대해서 곰곰이 생각해 보면, 그 자체에도 문제의 소지가 있다. 그 이유는 단순한 지식의 습득이나 이해 정도로 지적 교육을 모두 대변할 수 없기 때문이다. 지적 교육의 관심은 오히려 습득된 시식을 활용할 수 있는 적용력, 원리를 탐구하고 분해할 수 있는 분석력, 자신의 생각이나 지식을 조직할 수 있는 종합력, 상황을 정확히 판단할 수 있는 평가력 등의 고차적인 지적 행동에 초점을 두어야 할 것이다. 언젠가 온 나라가 국가경쟁력 향상을 위한 노력의 일환으로 절약을 강조하고 있는 것을 볼 때, 국가경쟁력에 대한 진정한 이해의 부족을 지적하지 않을 수 없다. 절약도 물론 중요하겠지만 절약만으로는 근본적인 국가경쟁력을 키울 수는 없기 때문이다. 조립된 1000대의 컴퓨터 값이 1장의 디스켓에 실려 있는 소프트웨어 값과 같다면 어느 것이 경쟁력이 있는 것이지는 자명하다. 이러한 경쟁력은 바로 고차적인 지적 능력으로 가능해지는 것이다. 이제는 더 이상 단순한 지식의 전달이나 그에 대한 이해수준의 교육에 머물지 말고 보다 고차적인 적용력, 분석력, 종합력, 평가력 등을 겸비한 보다 창의적인 인간으로의 성장을 위한 교육이 강조되어야 할 것이다.

이와 관련하여 아직까지도 문제의 여지는 있겠지만, 계속적인 발전을 전제로 한다면 그래도 다행스러운 것은 보다 고차적인 지적능력을 평가하고자 하는 목적으로 수행되고 있는 수학능력시험이나 수행평가 등이 우리의 지적 교육의 정상화를 꾀하고 있다고 할 수 있겠다.

그리고 우리의 교육문제는 유치원에서부터 대학까지에서 나타나고 있지만, 초등학교까지의 교육과정(教育課程)이나 교육(教育)의 과정(過程)은 비교적 과거에 비해 질적인 발전을 가져 왔다고 필자는 나름대로 판단하고 싶다. 유치원 교육의 상황을 보면 이제는 과거에서처럼 한글을 익히고, 단순한 산수를 계산하는 것이 전부가 아니다. 유아들은 뛰면서 놀이나 게임을 하고, 노래도 부르면서 숫자놀이를 하고 있는 것이 오늘날 대부분 유치원 교육의 현상이기도 하다. 이와 같은 교육이 별거 아닌 것처럼 보이지만 상당히 깊이 있는 교육의 과정인 것이다. 뛰고 놀이하면서 튼튼한 몸을 단련하고, 게임을 하면서 사회성과 협동심을 배우며, 노래를 통해 즐거운 마음을 느끼면서 긍정적 정서를 함양하며, 숫자놀이를 통해서 지적인 학습활동을 하는 등의 의미가 내포되어 있는 교육의 과정인 것이다. 바로 이러한 교육의 과정이 전인교육에 다가서는 길이다.

3. 교육이 계획적이어야 하는 이유와 그 과정

17세기 세계정세의 하나의 특징은 민족주의나 국가주의의 팽배였다. 민족과 국가를 중시하면서 각 나라에서는 공교육기관들을 본격적으로 설립하기 시작하였다. 따라서 이때부터 교육은 공교육기관인 학교라는 장소에서 대부분 이루어지게 되었다. 학교라는 형식적 교육기관이 없었을 때는 체계적인 교육이 어려웠다. 오늘날에는 교육인구의 증가는 물론이거니와 교육할 내용도 헤아릴 수조차 없게 되었다. 이러한 현상에서 교육의 체계 및 계획은 필수적인 절차가 되었다.

아마도 고대 그리스시대에 많은 소피스트들은 민주적 사회분위기에 편승하여 자신의 사변을 나름대로의 교육내용으로 삼았을 것이고, 일정한 교육장소도 없었기 때문에 자신의 집이나 집회장소, 때로는 길목어귀를 교육장소로 삼았을 것이다.

그러나 오늘날은 일정한 장소(대부분 학교)에서 일정한 교육과정에 의한 교육이 이루어지고 있다. 건축가는 튼튼한 집을 짓기 위해서 지반검사를 의뢰할 것이고, 자재의 선정에 신경을 쓸 것이며, 실용성과 미적 효과를 주기 위하여 건축 설계자에게 설계도면을 의뢰할 것이다. 이와 같이 철저한 사전 준비와 계획에 따라서 든든하고 실용적이며 멋있는 집을 지을 수 있다.

마찬가지로 질적으로 훌륭한 교육을 위해서는 사전의 철저한 준비와 계획을 해야 한다. 교사가 수업준비를 위하여 수업계획안을 잘 짰다면 그 만큼 수업의 질을 향상시킬 가능성은 분명하다. 교육에서의 계획적이란 말은 단순히 구속하거나 제한한다는 의미에서의 계획이 아니라 보다 좋은 교육을 위한 준비이며, 교육의 체계적 접근을 위한 계획이라 할 수 있다.

교육에서의 계획을 위한 기본적인 요소 및 과정으로는 교육목표의 준비, 교육과정의 준비, 교육방법의 준비, 교육평가의 준비 등을 들 수 있다.

첫째, 인간이 추구해야 할 가치, 사회 및 문화의 요구, 개인의 발달수준이나 학습가능성 등이 고려된 실현가능하고, 합리적이며, 타당한 교육목표를 정하고, 어떤 인간행동을 어떤 방향으로 변화시킬 것인가의 목표를 정하고,

둘째, 그 목표를 달성하기 위한 충분한 교육과정(내용)을 선정하고,

셋째, 선정된 내용을 가장 효과적이고 효율적으로 교육할 수 있는 교육방법을 적용하고,

넷째, 일련의 교육의 과정에 대한 평가 즉, 목표는 잘 설정했는지를 따지는 교육목표에 대한 평가, 목표를 달성하는데 교육내용은 충분했는지를 따지는 교육과정에 대한 평가, 내용의 전달이나 학습에 효과와 효율성을 따지는 교육방법에 대한 평가 등의 일련의 전문적인 과정이 투입되어짐을 의미한다.

4. 좋은 교수방법은 개별화 교수다

늘 앞자리에 앉아 열심히 수업을 경청하던 학생이 있었다. 그 학생은 평소 질문도 별로 하지 않았고 말도 별로 없었지만 늘 끄덕이거나 이해하겠다는 표정으로 나에게 묵종반응을 보여 주어 내가 수업을 계속할 수 있게 하는데 일조한 학생이었다. 졸업을 앞둔 거의 마지막 교육방법 수업에서 그 학생은 드디어 질문을 했는데 나는 한참을 생각에 잠겼었고, 나의 짧은 대답은 '네에'라는 실망 섞인 학생의 반응을 일으키게 하고 말았다.

그 학생의 질문은 '어떤 교육방법이 제일 좋은 거지요? 토론법인가요?, 질문법인가요?, 아니면 탐구학습법인가요?'이었다. 나의 대답은 '모른다.'였다. 교사를 준비하는 그 학생으로서는 늘 고민하던 궁금증이었

는지도 모른다. 그러니 그 학생의 실망 섞인 반응도 이해가 된다. 그러나 나는 그 학생의 질문에 대해 냉정했다. 좋은 교수방법이 없는 것이 아니라 가르쳐야 할 사람이 좋은 교수방법을 찾을 수 있으며 말할 수 있기 때문이다.

좋은 교수방법의 준거는 가르쳐야 할 대상, 가르쳐야 할 내용, 가르치는 학습 환경이나 매체 상황 등등 그야말로 상황에 따라서 교수방법은 달라지기 때문이다. 앞으로 교사로 나갔을 때를 생각해 보자. 그 곳이 도시인지 아니면 작은 시골 농촌인지, 수준이 높은 학생들인지 낮은 학생들인지, 대집단인지 소집단인지에 따라 가르치는 방법은 달라질 수밖에 없다.

어떤 사람은 강의법이나 설명식 교수방법은 무조건 전통적이고 제일 바람직하지 못한 교수방법이라고 매도하면서 토론법이나 실험법이 최고라고 한다. 이 말은 참 웃기는 말이 아닐 수 없다. 생전 듣고 보지도 못한 것을 가지고 토론하라면 토론이 이루어질 수 있으며, 기본 개념도 모르면서 실험이 된단 말인가. 오히려 새로운 정보나 사실을 습득하는 방법은 이미 알고 있는 사람으로부터 전달받고 설명을 듣는 것이 효과적일 뿐만 아니라 효율적이기도 한 것이다. 새로운 지식이나 정보를 전달하는 데는 설명식 교수방법이, 가치관형성을 위한 수업이라면 토론식이, 원리를 발견하기 위해서는 탐구학습법이 적용될 때 우리는 가장 좋은 교수방법이라고 할 수 있을 것이다.

따라서 가르침을 전문으로 하는 사람은 다양한 교수방법에 대한 지식과 이해를 겸비해야 한다. 그래야만 상황에 따라 최적의 교육방법을 선택 · 적용할 수 있기 때문이다. 유능한 교사는 교육상황에 따라 최적의 교육방법을 선택 또는 최적의 교육방법을 창안할 수 있는 능력의 소유자일 것이다.

만일 필자에게 굳이 제일 좋은 교수방법을 꼭 말하라 한다면 개별화 교수방법이라고 말할 수 있다. 개별화 교수란 개별적으로 가르치라는 말이 아니라 가르쳐야 할 학생의 흥미, 관심, 능력, 적성, 학습속도 등을 고려하여 모든 개별 학습자가 스스로 목표를 성취하도록 하는 것이다.

사실 개별화 교수를 실행에 옮기는 것은 쉽지 않다. 즉 학습 환경, 교수매체 등등의 학습여건이 제공될 수 있어야만 가능하며, 그 효과를 볼 수 있기 때문이다. 이러한 의미에서 수준별 교육과정의 성격을 띠고 있는 최근 교육과정 적용에 있어서도 그 효과성과 효율성을 충분히 검토할 수 있는 신중함을 보여야 할 것이다. 또한 개별화 교수나 수준별 교육과정에 접근하는 하나의 방법이면서 좋은 대안이 될 수 있는 것은 컴퓨터의 활용이다. 즉, 다양한 학습자의 특성에 따라 다른 수준과 과제를 제공할 수 있는 코스웨어의 개발과 적용을 말하는 것이다.

5. 학교에서의 청소년 성교육

성교육의 일차적인 책무는 가정 내의 부모에게 있다고 할 수 있으며, 이와 함께 학교도 어린이나 청소년들의 올바른 성 의식을 심어 주는 체계적인 성교육을 실시할 의무가 있다. 특히, 학교에서의 성교육은 남녀의 신체적 발육의 차이와 특징을 올바르게 이해할 수 있는 태도를 길러 주어 남자와 여자가 무엇인가를 인식케 하고, 각 개인의 성적 존재가치를 인정하고 도덕과 윤리와의 관계를 통찰할 수 있는 능력을 심어 주는 것을 목적으로 해야 할 것이다.

필자가 생각하는 성교육을 위한 필수적인 세 가지 방법과 조건을 제시하면 다음과 같다.

첫째, 월 1회 이상의 학급별 토론의 기회를 제공한다.

학생들은 공식적인 토론의 장을 통해서 자신들의 성에 대한 관심이나 지식, 또는 문제들을 보다 분명하고 건전하게 제시할 수 있다. 숨어서 아는 지식이나 몇 몇 친구들과의 수군거림은 부정확한 성 지식의 습득이나 수치심으로 옮겨지기 쉽다. 토론활동은 처음에는 다소 부진할지도 모르지만 서로의 관심이나 경험의 유사성에 따라서 감정이입이 용이해지기 때문에 오히려 토론의 장은 점차 열기를 띠게 될 것으로 기대된다. 그리고 처음에는 학생들이 자율적으로 토론을 진행해 가도록 하고, 토론이 어느 정도 정착되었을 때 교사의 참여를 타진하는 것이 효과적일 것이다. 이때에도 교사는 사회자 역할을 충분히 발휘하면서 토론을 유도해야 할 것이다. 지나친 관여나 지시는 오히려 토론활동을 저해할 우려가 있기 때문에 항상 학생들의 토론을 우선하고 가능한 학생들 스스로가 문제를 제기하고 가치를 수용하고 채택할 수 있도록 해야 한다. 이렇게 함으로서 학생들은 성교육에서 능동적 존재로 역할을 할 것이며, 교사는 학생들의 성에 대한 요구와 관심, 문제 등의 중요한 정보를 습득할 수 있을 것이다. 결국, 성교육의 효과는 학생들의 직접적인 요구와 관심, 그리고 문제를 다룰 수 있을 때 극대화될 수 있는 것이다.

둘째, 교사, 부모를 위한 교육 및 연수의 기회를 제공한다.

성교육을 실시해야 하는 교사나 부모는 우선적으로 성에 관한 정확한 지식이나 학생들의 성에 대한 관심이나 문제에 대한 정보를 알아야 한다. 전통적으로 우리나라 성인들의 성에 대한 지식수준은 비과학적이고 체계적이지 못한 것은 인정되어야 할 것이다. 적어도 교육할 사람의 자질은 필수적인 요건이 된다. 따라서 학교는 전문기관 프로그램의 연계 또는 전문가를 초청하여 교사, 학부모를 위한 교육이나 연수를 계획하고 수행해야 할 것이다.

셋째, 성에 대한 인식을 개방시킬 필요가 있다.

교육의 효과는 개방적인 분위기에 달려 있다 해도 과언이 아니다. 개방적이고 허용적인 분위기는 학생으로 하여금 스스로 탐구하고자 하는 의욕을 갖게 할 뿐만 아니라 탐구를 지속시킬 수 있다는 것은 이미 많은 교육이론에서도 입증되고 있다. 특히, 성에 대한 인식이 비교적 폐

쇄적인 현실적인 상황에서 개방적 성교육은 더욱 더 요구된다. 교사나 학생이 스스럼없이 성에 대해서 말할 수 있을 때 성교육의 효과는 자명하다.

6. 학교폭력 예방을 위한 가정, 학교, 사회의 역할

학교폭력은 이제 더 이상 학교만의 문제가 아니라 가정, 사회 문제로 부상되어 국가적 차원의 절실한 과제가 되었다. 정부는 학교폭력 추방이나 예방을 위한 각종 기구의 설치, 기관에서의 상담 등을 제도화하고, '학교폭력 예방 및 대책에 관한 법률'(약칭, 학교폭력예방법)(제정 및 최초 시행 2004. 7. 30.)을 정하여 시행하고 있다.

학교폭력으로 인한 피해 학생의 학교기피증, 심한 우울증 및 정신질환, 심지어는 자살 등에 관한 각종 미디어의 보도가 연재 사설을 쓸 정도로 그 빈도와 심각성은 더 이상 방치 할 수 없다는 공감을 갖게 하고 있다. 따라서 정부 또는 관련 책임 기관에서의 특별법 제정에 대한 시도도 충분히 인정된다.

그러나 학교폭력은 법적인 해결만으로는 근절될 수 없다. 오히려 학교폭력은 결과된 문제의 해결보다는 근본적인 예방책에 초점을 두어야 할 것이다. 또한 학교폭력의 원인은 부적절한 교육제도나 사회병리현상에 있다는 것을 깨달아야 한다. 따라서 학교의 교육조건이나 제도를 개선하고, 사회정의를 실천하는 것이 학교폭력을 예방하는 지름길이다.

필자가 생각하는 학교폭력 예방을 위한 가정, 학교, 사회의 역할을 제시해 보고자 한다.

첫째, 가정에서 부모는 자녀를 민주주의 기본 이념인 인간존중에 두어, 자녀를 마치 자신의 소유물로 보지 말고, 인간이라는 존재에서만큼은 부모와 자녀는 평등하다는 인식을 가져야 한다. 부모는 자녀보다 많은 것을 경험했고, 많은 것을 알고 그로 인한 판단력이 높은 것이 당연한 것처럼 자녀의 능력, 사고, 정서에 있어서도 그 수준이나 형태가 있다는 것을 인정해야 한다. 자녀의 능력이나, 사고, 정서를 인정하고 그를 계속 발전시켜나가도록 하는 것이 진정한 자녀교육이며 사랑인 것이다. 즉, 부모는 자녀가 스스로 성장할 수 있도록 도와주는 역할을 함으로서 자녀는 자신의 자아실현을 추구하면서 부모의 지시나 압박이 아닌 도움을 거부하지 않을 것이며, 더 나아가 학교폭력 문제에 대해 도움을 요청하거나 대화하고자 하는 적극적인 태도를 보일 것이다.

둘째, 학교에서 학교폭력을 예방하는 가장 좋은 방법은 학생들의 학생자치회를 활성화하는 것이다. 학생들 자신이 바로 학교의 주인이라는 것을 인식시켜 줌으로써 주인으로써 학교를 어떻게 만들어 가야하고, 그를 위해 자신들이 해야 할 행동을 깨닫고 실천하게 할 수 있을 것이다. 학생들의 민감한 사안인 복장, 두발은 물론 축제나 각종 학교행사 등의 학생활동에 대한 학생들의 자체 토의를 거쳐 학교정책에 반영시킨다면 타인의 의사를 존중할 수 있게 될 뿐만 아니라 자신들이 결정한 것이기 때문에 자신들의 결정에 대한 책임을 회피하지 않을 것이다. 따라서 학교 측은 학생들에게 많은 결정권을 양보하고 학생들이 자발적이고 책임 있는 행동을 할 때까시 인내하는 노력을 기울여야 할 것이다.

셋째, 사회의 역할은 학생들과의 상호작용할 수 있는 기회를 마련하는 것이다. 학생은 마치 아직 사회인이 아니기 때문에 사회에 근접해서는 안 된다는 식의 논리는 오히려 학생들로 하여금 호기심을 야기시키거나 비정상적인 방법으로 접근하려는 성향을 갖게 하기 쉽다. 따라서 학생이 사회를 무서운 곳으로 인식하는 것이 아니라 사회에서 무언가를 경험하고 배울 수 있는 긍정적이고 건전한 사회로 인식하게 할 필요가 있다. 학생에게 건전한 사회로서의 경험을 제공하기 위해서는 학생의 적성 및 인성 교육을 위한 체험학습이나 위탁교육 등이 좋은 방법이다. 결과적으로 사회가 학생 자신들의 적성을 발휘하고 인성을 쌓는 장으로 인식된다면 건전한 사회는 보장될 것이다.

7. 진로교육의 필요성과 진로선택의 기본 과정

최근 우리 청소년들의 주요 고민거리는 학교 성적 문제, 친구문제, 이성문제, 가정문제 등으로 조사되고 있다. 중요한 것은 이중에서 가장 큰 비중을 차지하고 있는 것이 진로문제로 지적되고 있다. 진로문제는 상급학교에 진학하는 문제뿐만 아니라 앞으로 자신의 미래에 대한 불확실성에 대한 고민인 것으로 보고되고 있다. 이러한 점에서 필자는 체계적이고 실질적인 진로교육을 위한 진로선택의 기본 과정, 진로발달의 특성, 진로선택의 정보 활용 등을 살펴보고자 한다. 먼저 진로교육에 대한 개념의 이해를 하고, 진로교육의 방향을 찾아보자.

진로교육이란 개인의 진로선택, 적응, 발달에 초점을 둔 교육으로써 각 개인이 자기 자신과 일의 세계를 인식 탐색하여 자기 자신에게 적합한 일을 선택하고, 선택한 일을 잘 수행할 수 있도록 취학 전부터 평생동안 학교, 가정, 사회에서 교육하고 도와주는 활동이다.

이 정의에 의하면 진로교육은 전 생애에 걸쳐 이루어 져야 하고, 학교뿐만 아니라 가정과 사회에서도 진로교육이 이루어져야 함을 알 수 있다. 특히, 바람직한 진로선택을 위해서는 개인과 일의 세계에 대한 정확한 이해가 선행되어야 한다는 것을 강조하고 있다.

진로선택의 기본 과정을 살펴보면 다음과 같다.

첫째, 자신에 대한 정확한 이해를 갖도록 한다.

자기에게 맞는 일과 직업을 선택하기 위해서는 우선 자신의 가치관, 능력, 성격, 적성, 흥미, 신체적 특징 등에 대한 올바를 이해가 있어야 한다. 따라서 다양한 일의 세계에 대한 직・간접적인 경험을 조장하여 스스로 느끼면서 자신의 진로와 직업에 대한 가치관을 형성할 수 있는 교육 및 프로그램을 실시해야 한다. 또한 각종 심리검사를 활용하여 자신의 심리적 특성을 객관적으로 알도록 해야 하며, 필요하면 상담을 통하여 자신에 대한 이해를 증진시켜야 한다.

둘째, 직업세계에 대한 이해를 정확히 해야 한다.

오늘날 같이 급변하는 사회에서 직업의 다양화는 미처 청소년들에게 소화되지 못하고 있다. 많은 청소년들은 자신의 직업이나 진로 선택에 어려움을 겪게 되며, 결과적으로 비합리적인 직업의 선택이나 진로를 결정하게 된다. 따라서 청소년들에게 직업세계에 대한 인식을 심어주고 탐색할 수 있는 여건 및 교육이 필요하다. 학교에서는 특별활동, 가능하다면 정규교과를 통해서 직업세계 이해에 대한 교육이 진행되어야 한다. 특히, 인터넷의 활용, EBS 방송의 활용은 필수적이다.

셋째, 합리적인 의사결정 능력을 배양한다.

위의 두 과정은 서로 유기적인 관계를 가질 때만이 의미를 가진다. 자신에 대한 심리적 또는 환경적 이해와 직업세계에 대한 정보를 기초로 하여 자신의 직업 또는 진로를 결정하는 것이 가장 합리적인 방법이 된다. 즉, 이러한 의사결정이 합리적이냐 비합리적이냐에 따라 진로 선택의 질을 결정할 수 있다는 것이다. 여기서 중요한 것은 최종의 선택이 누구의 강요나 권유에 의해서 라기 보다는 스스로 결정할 수 있도록 유도하고 결정하도록 하여 자신의 선택결정에 대한 책임의식을 갖고 소신껏 진로를 행해가도록 하는 것이다.

진로를 결정하는 일은 일생을 통해서 성취해야 할 가장 큰 과업의 하나이다. 진로선택의 결과에 따라서 자기의 대부분 생활을 지배하기 때문이다. 그러므로 자신이나 직업세계에 대한 이해가 없거나 자신의 편견, 부모나 타인의 지나친 요구 등에 의한 비합리적인 결정에 의한 진로선택은 어렵고 불행한 생활을 불러오게 된다는 것을 명심해야 한다.

8. 진로발달의 특성과 교육방안

앞서 진로선택의 기본 과정에 대해서 말한 바 있듯이 자신의 이해, 직업의 이해 그리고 그 두 차원의 유기적 관계를 합리적으로 결정하는 과정을 진로선택의 기본 과정으로 보았다. 따라서 진로선택을 위한 진로교육의 목표는 자신을 정확히 이해하는 것, 직업세계를 정확히 이해하는 것 그리고 의사결정을 증진시키는 것 등이 된다.

그런데 진로선택의 과정 이전에 선행되어야 하는 것이 있다. 대부분 청소년기에 이르러서야 합리적인 진로선택이 결정된다. 그러나 진로교육은 분명 전 생애를 통해서 이루어지는 것이다. 그러므로 청소년기 그 훨씬 이전에도 분명히 진로교육은 존재해야 한다.

한편 진로교육의 목표나 수준은 연령에 따라 다르다는 것을 염두해 두어야 한다. 자신의 진로에 대하여 유치원이나 초등학생의 생각과 중등학생의 생각이 다르기 때문이다.

그러므로 올바른 진로교육이 되기 위해서는 진로발달 단계 단계의 특성을 정확히 알고 그를 충분히 고려하는 교육이어야 할 것이다. 그러면 지금부터 진로발달 단계에 따른 특성을 알아보고 그에 따른 진로교육 내용을 알아보기로 하겠다.

진로 발달 단계는 크게 성장기-탐색기-확립기-유지기-쇠퇴기로 나누는 것이 일반적이다. 여기서는 청소년기에 해당하는 탐색기까지만 제시하고자 한다.

먼저 성장기는 출생 후 약 14세까지가 해당되는데 3단계로 나누어진다.

① **환상기**(4~10세)는 자기의 욕구와 환상이 지배적인 시기이다. 따라서 이 시기에 '나는 대통령이 될 거야'라는 말이 가능한 것이다. 그러므로 부모나 성인은 비록 욕심적이고 환상적이지만 이를 무시하지 말고 인정하고 격려하는 태도가 필요하다.

② **흥미기**(11~12세)에는 자신의 취향이 활동의 목표 및 내용이 된다.

즉, 자기에게 재미있고 흥미있는 것을 자신의 진로와 맞추려고 하는 것이다. 따라서 이 시기에는 아동이 어디에 관심과 흥미를 가지고 있는지를 파악하여 그 분야에 직·간접적인 경험을 많이 갖도록 하는 교육이 중요하다.

③ **능력기**(13~14)에는 욕구나 흥미에만 머물지 않고 서서히 실제의 자신의 능력을 시험할 뿐만 아니라 능력을 직업선택의 요소로 간주하게 된다. 따라서 이 시기에는 자신의 능력을 객관적으로 알 수 있도록 적성검사 등을 통해서 실제적 능력을 확인하도록 하는 것도 좋다.

다음의 탐색기는 청소년기로서 학교생활, 여가활동 등을 통해서 자아의 검증, 역할의 시행, 직업적 탐색 등을 수행한다. 이 시기도 3단계로 나누어진다.

① **잠정기**(15~17세)는 욕구, 흥미, 능력, 가치, 직업적 기회 등을 고려하면서 잠정적으로 직업을 선택하기 위해 다른 사람과 토의하거나 직접 일해 보려고도 시도한다. 따라서 이 시기에는 자신의 흥미, 가치, 선호하는 직업을 위한 계획 등을 인식시키고, 그 계획을 어떻게 실행할 것인가에 관한 주로 지적인 교육을 할 필요가 있다.

② **전환기**(18~21세)는 취업에 필요한 훈련이나 교육을 받으며, 자신의 자아개념을 실천하려고 함에 따라 현실적 요인을 중요시 여기는 시기이다. 이 시기는 잠정적 직업선호에서 특정한 직업에 대한 선호를 옮기는 단계이기 때문에 직업선택을 객관화시키고, 선택하는 직업에 대한 직접적이고 구체적인 내용을 다루어야 하며, 필요하면 직접 경험시키는 교육이 필요하다.

③ **시행기**(22~24세)는 비로소 선호하는 직업을 위한 교육훈련을 마치고 자신에게 적합해 보이는 직업을 선택해서 최초로 직업을 가지는 시기이다.

이상과 같이 진로에 대한 사고나 그 수준은 단계에 따라 다르다. 그러므로 각 단계에 해당하는 아동의 사고 및 수준을 고려하는 교육이 이루어질 때만이 이상적인 진로교육이라 할 수 있다.

끝으로 하고 싶은 말은 자녀의 사고나 발달을 고려하지 않고 부모의 생각으로만 자녀의 진로를 결정하려는 것은 자녀를 빌어 자신이 충족하지 못한 욕구를 충족시키려는 보상심리에 불과하다는 말이다.

참고문헌

교육과학기술부(2010). **창의와 배려의 조화를 통한 인재 육성**－창의·인성교육 기본방안. 서울: 교육과학기술부.

교육과학기술부, 보건복지부(2012). **5세 누리과정 해설서**. 서울: 교육과학기술부, 보건복지부.

권이종(1999). **청소년 유해환경 이론**. 서울: 교육과학사.

고정곤 외 6인(2014). **부모교육의 이론과 실제**. 서울: 양서원

김영옥, 장명림, 유희정(2009). 유아 인성교육 프로그램 개발 및 효과. **열린유아교육연구, 14**(5), 297-324.

남궁달화(1999). **인성교육론**. 서울: 문음사.

문미옥, 이혜상(1995). **바른 부모교육 프로그램**. 서울: 서원.

문용린(2015). 인성교육진흥법과 유아교육에 대한 시사점. **2015년 한국열린유아교육학회 춘계학술대회 논문집**(2015. 6.), 21-31.

박효정(2000). 한국 사회의 도덕성 측정을 위한 도덕성 개념 및 덕목요소 추출. **한국교과교육학회, RR 2000-2**.

유영효(2010). **영유아 인성교육의 이론과 실제**. 서울: 양서원.

유효순, 정원식(1998). **부모교육**. 서울: 한국방송대학교 출판부.

유효순, 지성애(2010). **부모교육**. 서울: 징민사.

이경우 편역(1997). **당신도 유능한 부모가 될 수 있다**. 서울: 창지사

이병래(2015). 유아 인성교육의 방향과 과제. **2015년 한국열린유아교육학회 춘계학술대회 논문집**(2015. 6.), 33-44.

이원영(1985). **부모교육**. 서울: 교문사.

이원영, 방인옥, 박찬옥(1992). 유치원의 기본생활 교육에 관한 연구. **유아교육연구, 12**, 71-89.

한국교육학회(1998). **인성교육**. 서울: 문음사.

허경철, 조난심(1994). **인간성 함양을 위한 학교교육 모형 개발 및 평가 방안 연구**. 한국교육개발원.

2014 전국아동학대현황보고서, 보건복지부(2015.7.31.)

http://www.ajunews.com/view/20160329121935204.(아동학대 예방을 위해 부모교육 추진), 아주경제(2016.3.29.)).

http://www.korea.kr/archive/expDocView.do;JSESSIONID_KOREA=mRzTVf6Ck8QMbyJlLGplnR9sHVw8t1nPL15hVQFmdGT8fqk1VGcT!687684628!-1432132917?docId=36439

Auerbach, A. B.(1968). *Parents learn through discussion: Principles and practices of parent group education.* NY: John Wiley and Sons, Inc.

Bandura , A.(1977). *Social Learning theory.* Englewood Cliffs, NJ: P-Hall.

Berkowitz, M. W., & Grych, J. H.(2000). Early character development and education. *Early Education & Development, 11*(1), 55-72.

Gestwicki, C.(2004). *Home, School, and Community Relations: a guide to working with families.(5th Ed.)* NY: Delmar Pub.

Ginott. H.(2003). *Between and parent and child.* CA: Three Rivers Press.

Gordon, T.(1995). *Parenting effectiveness training.* Revised Edition, NY: Berkley Publishing Group.

Harris, T. A.(1969). *I,m OK-You're OK.* HY: Haper & Row.

Lickona, T.(1991). *Educating for character : How our School can teach respect and responsibility.* NY: Bantam Books.

Swick, R.(1985). Critical issues in parent education. *Dimension, 14*(1), 4-7.

인성교육진흥법

[시행 2015.7.21.] [법률 제13004호, 2015.1.20., 제정] 공포법령보기
교육부(인성체육예술교육과), 044-203-6647

제1조(목적) 이 법은 「대한민국헌법」에 따른 인간으로서의 존엄과 가치를 보장하고 「교육기본법」에 따른 교육이념을 바탕으로 건전하고 올바른 인성(人性)을 갖춘 국민을 육성하여 국가사회의 발전에 이바지함을 목적으로 한다.

제2조(정의) 이 법에서 사용하는 용어의 뜻은 다음과 같다.

1. "인성교육"이란 자신의 내면을 바르고 건전하게 가꾸고 타인·공동체·자연과 더불어 살아가는 데 필요한 인간다운 성품과 역량을 기르는 것을 목적으로 하는 교육을 말한다.
2. "핵심 가치·덕목"이란 인성교육의 목표가 되는 것으로 예(禮), 효(孝), 정직, 책임, 존중, 배려, 소통, 협동 등의 마음가짐이나 사람됨과 관련되는 핵심적인 가치 또는 덕목을 말한다.
3. "핵심 역량"이란 핵심 가치·덕목을 적극적이고 능동적으로 실천 또는 실행하는 데 필요한 지식과 공감·소통하는 의사소통능력이나 갈등해결능력 등이 통합된 능력을 말한다.
4. "학교"란 「유아교육법」 제2조제2호에 따른 유치원 및 「초·중등교육법」 제2조에 따른 학교를 말한다.

제3조(다른 법률과의 관계) 인성교육에 관하여 다른 법률에 특별한 규정이 있는 경우를 제외하고는 이 법에서 정하는 바에 따른다.

제4조(국가 등의 책무) ① 국가와 지방자치단체는 인성을 갖춘 국민을 육성하기 위하여 인성교육에 관한 장기적이고 체계적인 정책을 수립하여 시행하여야 한다.

② 국가와 지방자치단체는 학생의 발달 단계 및 단위 학교의 상황과 여건에 적합한 인성교육 진흥에 필요한 시책을 마련하여야 한다.

③ 국가와 지방자치단체는 학교를 중심으로 인성교육 활동을 전개하고, 인성 친화적인 교육환경을 조성할 수 있도록 가정과 지역사회의 유기적인 연계망을 구축하도록 노력하여야 한다.

④ 국가와 지방자치단체는 학교 인성교육의 진흥을 위하여 범국민적 참여의 필요성을 홍보하도록 노력하여야 한다.

⑤ 국민은 국가 및 지방자치단체가 추진하는 인성교육에 관한 정책에 적극적으로 협력하여야 한다.

제5조(인성교육의 기본방향) ① 인성교육은 가정 및 학교와 사회에서 모두 장려되어야 한다.

② 인성교육은 인간의 전인적 발달을 고려하면서 장기적 차원에서 계획되고 실시되어야 한다.

③ 인성교육은 학교와 가정, 지역사회의 참여와 연대 하에 다양한 사회적 기반을 활용하여 전국적으로 실시되어야 한다.

제6조(인성교육종합계획의 수립 등) ① 교육부장관은 인성교육의 효율적인 추진을 위하여 대통령령으로 정하는 관계 중앙행정기관의 장과의 협의와 제9조에 따른 인성교육진흥위원회의 심의를 거쳐 인성교육종합계획(이하 "종합계획"이라 한다)을 5년마다 수립하여야 한다.

② 종합계획에는 다음 각 호의 사항이 포함되어야 한다.

1. 인성교육의 추진 목표 및 계획
2. 인성교육의 홍보

3. 인성교육을 위한 재원조달 및 관리방안
4. 인성교육 핵심 가치·덕목 및 핵심 역량 선정에 관한 사항
5. 그 밖에 인성교육에 관하여 필요한 사항으로 대통령령으로 정하는 사항

③ 교육부장관은 종합계획의 중요사항을 변경하는 경우 제1항에 따른 관계 중앙행정기관의 장과의 협의와 제9조에 따른 인성교육진흥위원회의 심의를 거쳐야 한다. 다만, 법령의 개정이나 관계 중앙행정기관의 관련 사업계획 변경 등 경미한 사항을 변경하는 경우에는 그러하지 아니하다.

④ 교육부장관은 제1항 또는 제3항에 따라 종합계획을 수립하거나 변경하였을 때에는 지체 없이 이를 관계 중앙행정기관의 장에게 통보하여야 한다.

⑤ 특별시·광역시·특별자치시·도 및 특별자치도 교육감(이하 "교육감"이라 한다)은 종합계획에 따라 해당 지방자치단체의 연도별 인성교육시행계획(이하 "시행계획"이라 한다)을 수립·시행하여야 한다.

⑥ 교육감은 제5항에 따라 시행계획을 수립하거나 변경하였을 때에는 이를 지체 없이 교육부장관에게 통보하여야 한다.

⑦ 종합계획 및 시행계획의 수립·시행 등에 필요한 사항은 대통령령으로 정한다.

제7조(계획수립 등의 협조) ① 교육부장관과 교육감은 종합계획 또는 시행계획의 수립·시행 및 평가를 위하여 필요한 경우 관계 중앙행정기관의 장, 지방자치단체의 장 및 교육감 등에게 협조를 요청할 수 있다.

② 제1항에 따른 협조를 요청받은 자는 특별한 사유가 없으면 이에 따라야 한다.

제8조(공청회의 개최) ① 교육부장관과 교육감은 종합계획 및 시행계

획을 수립하려는 때에는 공청회를 열어 국민 및 관계 전문가 등으로부터 의견을 청취하여야 하며, 공청회에서 제시된 의견이 타당하다고 인정되는 때에는 이를 종합계획 및 시행계획 수립에 반영하여야 한다.

② 제1항에 따른 공청회 개최에 필요한 사항은 대통령령으로 정한다.

제9조(인성교육진흥위원회) ① 인성교육에 관한 다음 각 호의 사항을 심의하기 위하여 교육부장관 소속으로 인성교육진흥위원회(이하 "위원회"라 한다)를 둔다.

1. 인성교육정책의 목표와 추진방향에 관한 사항
2. 종합계획 수립에 관한 사항
3. 인성교육 추진실적 점검 및 평가에 관한 사항
4. 인성교육 지원의 협력 및 조정에 관한 사항
5. 그 밖에 인성교육 지원을 위하여 대통령령으로 정하는 사항

② 위원회는 위원장을 포함한 20명 이내의 위원으로 구성한다.

③ 위원회의 위원장은 위원 중에서 호선하되, 공무원이 아닌 사람으로 한다.

④ 위원회의 위원은 다음 각 호의 어느 하나에 해당하는 사람 중에서 대통령령으로 정하는 바에 따라 교육부장관이 임명 또는 위촉한다. 이 경우 위원은 공무원이 아닌 사람이 과반수가 되도록 한다.

1. 교육부차관, 문화체육관광부차관(문화체육관광부장관이 지명하는 차관), 보건복지부차관 및 여성가족부차관
2. 국회의장이 추천하는 사람 3명
3. 인성교육에 관한 학식과 경험이 풍부한 사람 중에서 대통령령으로 정하는 사람

⑤ 위원회가 심의한 사항을 집행하기 위하여 인성교육 진흥과

관련된 조직 · 인력 · 업무 등에 필요한 사항은 교육부령으로 정한다.

⑥ 그 밖에 위원회의 구성 · 운영에 필요한 사항은 대통령령으로 정한다.

제10조(학교의 인성교육 기준과 운영) ① 교육부장관은 대통령령으로 정하는 바에 따라 학교에 대한 인성교육 목표와 성취 기준을 정한다.

② 학교의 장은 제1항에 따른 인성교육의 목표 및 성취 기준과 교육대상의 연령 등을 고려하여 대통령령으로 정하는 바에 따라 매년 인성에 관한 교육계획을 수립하여 교육을 실시하여야 한다.

③ 학교의 장은 인성교육의 핵심 가치 · 덕목을 중심으로 학생의 인성 핵심 역량을 함양하는 학교 교육과정을 편성 · 운영하여야 한다.

④ 학교의 장은 인성교육 진흥을 위하여 학교 · 가정 · 지역사회와의 연계 방안을 강구하여야 한다.

제11조(인성교육 지원 등) ① 국가 및 지방자치단체는 가정, 학교 및 지역사회에서의 인성교육을 지원하기 위한 교육 프로그램(이하 "인성교육프로그램"이라 한다)을 개발하여 보급하여야 한다.

② 국가와 지방자치단체는 인성교육프로그램의 구성 및 운용 등을 전문단체 또는 전문가에게 위탁할 수 있다.

③ 교육감은 인성교육프로그램의 구성 및 운용 계획을 해당 학교 인터넷 홈페이지에 게시하는 등의 방법으로 학부모에게 알릴 수 있도록 하여야 한다.

④ 학부모는 국가, 지방자치단체 및 학교의 인성교육 진흥 시책에 협조하여야 하고, 인성교육을 위하여 필요한 사항을 해당 기관의 장에게 건의할 수 있다.

⑤ 그 밖에 가정, 학교 및 지역사회에서의 인성교육 진흥 등에 필요한 사항은 대통령령으로 정한다.

제12조(인성교육프로그램의 인증) ① 교육부장관은 인성교육 진흥을 위하여 인성교육프로그램을 개발·보급하거나 인성교육과정을 개설(開設)·운영하려는 자(이하 "인성교육프로그램개발자등"이라 한다)에 대하여 인성교육프로그램과 인성교육과정의 인증(이하 "인증"이라 한다)을 할 수 있다.

② 인증을 받고자 하는 인성교육프로그램개발자등은 교육부장관에게 신청하여야 한다.

③ 교육부장관은 제2항에 따라 인증을 신청한 인성교육프로그램 또는 인성교육과정이 교육내용·교육시간·교육과목·교육시설 등 교육부령으로 정하는 인증기준에 적합한 경우에는 이를 인증할 수 있다.

④ 제3항에 따른 인증을 받은 자는 해당 인성교육프로그램 또는 인성교육과정에 대하여 교육부령으로 정하는 바에 따라 인증표시를 할 수 있다.

⑤ 제3항에 따른 인증을 받지 아니한 인성교육프로그램 또는 인성교육과정에 대하여 제4항의 인증표시를 하거나 이와 유사한 표시를 하여서는 아니 된다.

⑥ 제1항부터 제3항까지에 따른 인증의 절차 및 방법 등에 필요한 사항은 교육부령으로 정한다.

⑦ 교육부장관은 제1항부터 제3항까지에 따른 인증 업무를 교육부령으로 정하는 바에 따라 전문기관 또는 단체 등에 위탁할 수 있다.

제13조(인증의 유효기간) ① 제12조제3항에 따른 인증의 유효기간은 인증을 받은 날부터 3년으로 한다.

② 제1항에 따른 유효기간은 1회에 한하여 2년 이내에서 연장할

수 있다.

③ 제2항에 따른 인증의 연장신청, 그 밖에 필요한 사항은 교육부령으로 정한다.

제14조(인증의 취소) 교육부장관은 제12조제3항에 따라 인증한 인성교육프로그램 또는 인성교육과정이 다음 각 호의 어느 하나에 해당하는 경우에는 그 인증을 취소할 수 있다. 다만, 제1호에 해당하는 경우에는 취소하여야 한다.

1. 거짓, 그 밖의 부정한 방법으로 인증받은 경우
2. 제12조제3항에 따른 인증기준에 적합하지 아니하게 된 경우

제15조(인성교육 예산 지원) 국가 및 지방자치단체는 인성교육 지원, 인성교육프로그램 개발·보급 등 인성교육 진흥에 필요한 비용을 예산의 범위에서 지원하여야 한다.

제16조(인성교육의 평가 등) ① 교육부장관 및 교육감은 종합계획 및 시행계획에 따른 인성교육의 추진성과 및 활동에 관한 평가를 1년마다 실시하여야 한다.

② 교육부장관과 교육감은 인성교육 평가결과를 종합계획 및 시행계획에 반영할 수 있다.

③ 그 밖에 인성교육의 추진성과 및 활동 평가에 필요한 사항은 대통령령으로 정한다.

제17조(교원의 연수 등) ① 교육감은 학교의 교원(이하 "교원"이라 한다)이 대통령령으로 정하는 바에 따라 일정시간 이상 인성교육 관련 연수를 이수하도록 하여야 한다.

② 「고등교육법」 제41조에 따른 교육대학·사범대학(교육과 및 교직과정을 포함한다) 등 이에 준하는 기관으로서 교육부령으로 정하는 교원 양성기관은 예비교원의 인성교육 지도 역량을 강화하기 위하여 관련 과목을 필수로 개설하여 운영하여야 한다.

제18조(학교의 인성교육 참여 장려) 학교의 장은 학생의 제11조제1항에 따른 지역사회 등의 인성교육 참여를 권장하고 지도·관리하기 위하여 노력하여야 한다.

제19조(언론의 인성교육 지원) 국가 및 지방자치단체는 범국민적 차원에서 인성교육의 중요성에 대한 인식을 공유하고 이들의 참여의지를 촉진시키기 위하여 필요한 경우 언론(「언론중재 및 피해구제 등에 관한 법률」 제2조에 따른 방송, 신문, 잡지 등 정기간행물, 뉴스통신 및 인터넷신문 등을 포함한다)을 이용하여 캠페인 활동을 전개하도록 노력하여야 한다.

제20조(전문인력의 양성) ① 국가 및 지방자치단체는 인성교육의 확대를 위하여 필요한 분야의 전문인력을 양성하여야 한다.

② 교육부장관 및 교육감은 제1항에 따른 전문인력을 양성하기 위하여 교육 관련 기관 또는 단체 등을 인성교육 전문인력 양성기관으로 지정하고, 해당 전문인력 양성기관에 대하여 필요한 경비의 전부 또는 일부를 지원할 수 있다.

③ 제2항에 따른 인성교육 전문인력 양성기관의 지정기준은 대통령령으로 정한다.

제21조(권한의 위임) 교육부장관은 이 법에 따른 권한의 일부를 대통령령으로 정하는 바에 따라 교육감에게 위임할 수 있다.

제22조(과태료) ① 다음 각 호의 어느 하나에 해당하는 자에게는 500만원 이하의 과태료를 부과한다.

1. 거짓이나 그 밖의 부정한 방법으로 제12조에 따른 인증을 받은 자
2. 제12조제5항을 위반하여 인증표시를 한 자

② 제1항에 따른 과태료는 대통령령으로 정하는 바에 따라 교육부장관이 부과·징수한다.

부 칙

〈법률 제13004호, 2015.1.20.〉

이 법은 공포 후 6개월이 경과한 날부터 시행한다.

【저자 소개】

최 철 용

중앙대학교 대학원 교육학과 교육학 석사 / 박사(교육심리학 전공)
교원양성기관평가 위원(2010-2014)
중앙대학교 교육대학원 객원교수
현, 한국열린유아교육학회 학술부회장
강동대학교 유아교육과 교수

〈주요 저서〉
유아발달 / 부모교육 / 교육심리학 / 교육의 이해 / 교육방법론 / 교육평가 외 다수

부모교육과 인성교육

1판 1쇄 인쇄 2016년 8월 20일
1판 1쇄 발행 2016년 8월 25일

저　　자 - 최 철 용
발 행 인 - 강 철 원
발 행 처 - 양 성 원
주　　소 - 경기도 고양시 일산서구 송산로 18(구산동)
전　　화 - 031-912-3301(代)
팩　　스 - 031-912-3304
이 메 일 - tnwpub@naver.com
출판등록 - 2015년 8월 31일 제 2015-000211 호

ISBN 979-11-87118-72-5

정가 14,000원